B1

学生用书

Schülerbuch

快乐德语+「第二版」

prima plus

Deutsch für Jugendliche

Friederike Jin   Lutz Rohrmann

外教社 上海外语教育出版社 SHANGHAI FOREIGN LANGUAGE EDUCATION PRESS

Cornelsen

图书在版编目(CIP)数据

快乐德语(第二版)B1学生用书/(德)金莎黛编. —2版. -- 上海：上海外语教育出版社, 2023
ISBN 978-7-5446-7322-8

Ⅰ. ①快… Ⅱ. ①金… Ⅲ. ①德语—教材 Ⅳ. ①H339.39

中国版本图书馆CIP数据核字(2022)第127304号

图字：09-2021-0711

出版发行：上海外语教育出版社
（上海外国语大学内）邮编：200083
电　　话：021-65425300（总机）
电子邮箱：bookinfo@sflep.com.cn
网　　址：http://www.sflep.com
责任编辑：王乐飞

印　　刷：上海叶大印务发展有限公司
开　　本：890×1240　1/16　印张 8.75　字数 277 千字
版　　次：2023年4月第2版　2023年4月第1次印刷

书　　号：ISBN 978-7-5446-7322-8
定　　价：49.00元

本版图书如有印装质量问题，可向本社调换
质量服务热线：4008-213-263

出版说明

近年来，随着我国外语教育教学改革的不断推进，包括德语教学在内的基础外语教学焕发出新的生机和活力。2018 年，教育部颁布了《普通高中德语课程标准（2017 年版）》，为基础教育阶段开设和优化德语课程提供了政策和技术性指导。除各地外国语学校之外，越来越多的其他各类学校也开设了德语作为第一外语或第二外语的课程。

多年来，上海外语教育出版社一直致力于为各学习阶段的德语学习者提供优秀的教材。经过仔细甄选，我社自 2010 年起从德国知名专业出版集团——康乃馨出版社引进出版了《快乐德语》（prima）系列教材。在过去的十余年里，全国有近百所中小学校将其作为首选德语教材。为适应新的社会发展，康乃馨出版社对该套教材进行了修订，我们也继续与康乃馨出版社合作，推出《快乐德语（第二版）》（prima plus），以进一步满足我国基础教育阶段德语学习者和授课教师的需要。

作为专门为青少年编写的零起点德语教材，《快乐德语（第二版）》严格遵循"欧洲语言共同参考框架"所设定的等级要求，分为 A1-B1 等三个级别，每个级别均配有"学生用书""练习册""词汇手册""学习手册"和"教师用书"等品种。教材内容编写科学、难度循序渐进，特别重视语音的训练，注重语法结构的实际运用。内容丰富，配有大量的语音、词汇、语法、阅读、听力、口语和写作等多样化练习，旨在全面系统地提高学生的听、说、读、写等四项语言能力，激发学生学习德语的热情，提高其德语交际应用能力。

与第一版相比，第二版的页面布局更加美观、话题内容更贴近当下、小组活动和项目教学更具可操作性、多媒体配套资源更符合互联网学习的特点。

根据我国青少年德语学习者的特点，我们特别邀请上海外国语大学王蔚副教授为 A1.1 级别学生用书配套编写了语音预备单元，邀请华东师范大学黄惠芳副教授增加了汉语注释并编写了词汇手册，邀请山东大学（威海）张雄老师编写了学习手册。另外，本套教材中相关的音视频资源均可在"爱听外语"APP 中下载使用。

希望学习者快乐地学习德语、学好德语、用好德语！

上海外语教育出版社

2021 年 6 月

Deutsch für Jugendliche

Chinesische Ausgabe

B1

Cornelsen

B 1 | Deutsch für Jugendliche
Chinesische Ausgabe

Im Auftrag des Verlages erarbeitet von Friederike Jin und Lutz Rohrmann

Redaktion: Lutz Rohrmann, Dagmar Garve
Redaktionsassistenz: Vanessa Wirth
Bildredaktion: Katharina Hoppe-Brill
Mitarbeit: Meike Wilken

Beratende Mitwirkung: Michael Dahms, Katrina Griffin, Magdalena Michalak, Katharina Wieland, Milena Zbranková

prima + B 1 basiert auf *prima B 1,* das von Friederike Jin, Magdalena Michalak und Lutz Rohrmann erarbeitet wurde.

Illustrationen: Laurent Lalo (S. 5, 9, 14, 17, 18, 26, 31, 36, 29, 34, 38, 39, 40, 47 oben, 54, 57, 58, 62, 66, 67, 68, 69, 70, 71, 73 oben, 77, 85, 91, 93, 100, 107, 110, 111), Lukáš Fibrich (S. 56, 95), Josef Fraško (S. 30, 32, 73, 96, 116–119)
Audioaufnahmen: Cornelsen / Tonstudio Kirchberg, Lollar

Layoutkonzept: Rosendahl Berlin, Agentur für Markendesign
Technische Umsetzung: zweiband.media, Berlin

 Hier gibt es eine Audioaufnahme.
 Hier schreibst du Texte für dein Portfolio.
Ⓡ Hier findest du zusätzliche Redemittel in der Liste am Ende des Buches.

Das ist primaplus B 1

primaplus B 1 ist die dritte Niveaustufe des Lehrwerks für Jugendliche primaplus , das zu diversen Abschlüssen vom Goethe-Zertifikat Fit in Deutsch 1 über DSD 1 und das Goethe-Zertifikat B 1 bis zu DSD 2 und den C1 Sprachdiplomen führt.
primaplus orientiert sich am Gemeinsamen europäischen Referenzrahmen.

primaplus B 1 bietet ein umfassendes, kompetenzorientiertes Lernprogramm an, das den Lernprozess der Schülerinnen und Schüler in den Mittelpunkt stellt und aktives Sprachhandeln fördert.

Das Schülerbuch primaplus B 1 enthält 21 Einheiten und fünf Trainingseinheiten.

Die Einheiten bestehen aus je vier Seiten mit Texten, Dialogen und vielen Aktivitäten, die die Fertigkeiten *Hören, Sprechen, Lesen* und *Schreiben* systematisch entwickeln. Im Sinne des europäischen Sprachenportfolios sprechen und schreiben die Schüler und Schülerinnen auch regelmäßig über sich selbst und ihre Erfahrungen.
Besonderen Wert haben wir auf aktuelle landeskundliche Informationen aus dem Alltag in D-A-CH gelegt.

Die Einheiten zum Strategietraining nach jeder vierten Einheit des Schülerbuchs dienen dem Aufbau von Lern-, Arbeits-, und Prüfungsstrategien.

Das Arbeitsbuch zu primaplus B 1 folgt Schritt für Schritt den Aufgabenstellungen des Schülerbuchs. Die letzte Seite jeder Einheit fasst im Abschnitt Das kannst du das Gelernte knapp zusammen.

Im Anhang finden sich die alphabetische Wortliste und verschiedenen Verblisten. Eine Liste mit wichtigen Redemitteln rundet das Angebot ab. Auf diese Liste wird aus dem Schülerbuch heraus immer wieder mit dem Symbol Ⓡ verwiesen.

Die Audio-Dateien zum Schülerbuch enthalten die Dialoge, Hörtexte und die Übungen zur Aussprache.

Wir wünschen viel Spaß beim Deutschlernen und beim Deutschunterricht mit primaplus

Inhalt

Träume und Wünsche

Das lernst du

- Träume und Wünsche äußern
- Bedingungen nennen
- Über Zukunftspläne sprechen

1 Ich würde gerne …

a Zu welchen Bildern passen die Sätze?

1 *Ich würde gerne tauchen lernen, weil ich das Meer und die Tiere im Meer liebe.*

2 *Wir würden gerne nach Indien reisen, weil ich finde, dass Indien eine total spannende Kultur hat.*

3 *Würdest du auch gerne Kunst machen?*

Denk nach

Wünsche

Konjunktiv II: *würd… gerne* + Infinitiv

ich	würd…	
du	würd…	
er/es/sie/man	würde	gerne fliegen
wir	würd…	
ihr	würdet	
sie/Sie	würden	

b Ergänze das *Denk nach*.

c Wähle drei Bilder aus und schreib deine Wünsche dazu.

d Fragt in der Klasse.

2 Eine Geschichte: Drei Wünsche

a Lest und hört die Geschichte. Was wünscht sich Lotta? Sammelt Ideen in der Klasse.

Alexej, Pierre und Lotta bereiten zusammen eine Prüfung vor. Da erscheint vor ihnen plötzlich eine wunderschöne Fee. Sie sagt: „Weil ihr so fleißig seid, würde ich gerne jedem von euch einen Wunsch erfüllen." Alexej muss nicht lange überlegen und sagt: „Ich hätte gerne schon mein Zeugnis und wäre gern an einem weißen Strand mit wunderschönen Palmen." Und *BLING* ist er am Strand in der Karibik und hat sein sehr gutes Abschlusszeugnis in der Hand. Da muss auch Pierre nicht lange überlegen: „Ich hätte gerne mein Zeugnis und wäre dann am liebsten in einem Konzert in New York." Und *BLING* sitzt er in einem tollen Konzert von seiner Lieblingsband in New York. Dann kommt Lotta …

b Hör nun den Schluss. Was würdest du tun, wenn dir das passieren würde?

c Hör den ganzen Text noch einmal und ergänze das *Denk nach*.

Denk nach

hätte = würde haben wäre = würde sein	Ich hätte gerne mein Zeugnis. (Ich würde gern mein Zeugnis haben.) Ich wäre jetzt gerne in New York. (Ich würde jetzt gerne in New York sein.) Er … gerne viel Geld. Dann … er jetzt auf einer Weltreise.

Die Endungen von *sein* und *haben* im Konjunktiv II sind fast alle wie im Präteritum.
! 1. und 3. Person Singular: **war → wäre, hatte → hätte**

d Schreib Wünsche wie im Beispiel.

1. Ich muss für die Prüfung lernen, aber ich …
2. Ich bin total gestresst, aber …
3. Ich habe den ganzen Tag Unterricht, aber …
4. Magda und Steffie müssen heute arbeiten, aber …
5. Lana ist zu Hause nie allein, aber …

1. Ich muss für die Prüfung lernen, aber ich wäre jetzt gerne am Meer.

3 Wenn ich Zeit hätte …

a Wir haben Jugendliche gefragt: *Was würdet ihr tun, wenn ihr jeden Tag eine Stunde mehr Zeit für euch hättet?* Lies die Antworten und schreib eine eigene Antwort.

Wenn ich eine Stunde mehr hätte, würde ich morgens eine Stunde länger schlafen.

Ich wäre dann ein guter Schüler, denn in dieser Stunde würde ich dann lernen. ☺

Wenn ich eine Stunde mehr Zeit hätte, dann würde ich mehr Sport machen.

Ich würde die Stunden sammeln und hätte dann irgendwann ein Jahr frei.

b Sammelt eure Antworten ein, mischt sie, verteilt sie neu und lest sie vor. Ratet: Wer hat was geschrieben?

4 Reisen

a Hör das Gespräch zwischen Vater und Tochter. Welche Fotos A–D passen zum Gespräch?

b Hör noch einmal und notiere für 1–8: richtig oder falsch.

1. Jara will gleich nach der Schule mit dem Studium anfangen.
2. Jaras Vater hat gleichzeitig studiert und Geld verdient.
3. Jaras Vater möchte ihr eine Weltreise bezahlen.
4. Jara würde gerne zuerst nach Afrika fahren.
5. Jara möchte alleine reisen.
6. Jaras Freund Michael dürfte mitfahren, wenn er wollte.
7. Jaras Vater möchte wissen, wie die Reise aussehen könnte.
8. Jara müsste vor der Reise Geld verdienen.

Modalverben im Konjunktiv II

dürfte, könnte, müsste, wollte
Die Verbendungen sind wie im Präteritum.

c Schreib die Sätze zu Ende oder schreib eigene Sätze.

1. Wenn ich ein Jahr reisen könnte, …
2. Wenn ich jetzt sofort verreisen dürfte, …
3. Wenn ich nie Geld verdienen müsste, …
4. Wenn ich viel Geld verdienen wollte, …

d Was würdet ihr nach der Schule machen, wenn ihr frei wählen könntet? Macht Partnerinterviews und berichtet.

5 Es wäre mein Traum … – von Samuel Reißen

Hört zu und singt mit.

6 Ich denke oft an meine Zukunft …

a Lies die Texte schnell. Wer ist glücklich und wer ist nicht ganz so glücklich?

Zoila, 16 Jahre
Ich möchte anderen helfen, eine gute Stelle haben und eine Familie. Heiraten möchte ich nicht unbedingt, aber ich hätte gern Kinder. Ob das alles klappt, weiß ich natürlich nicht. Ich denke oft an meine Zukunft und habe manchmal ein bisschen Angst. Ich habe zum Beispiel Angst, dass ich keinen Job bekomme und deshalb irgendwann kein Geld habe. Meine Mutter ist mit mir vor ein paar Jahren nach Deutschland gekommen, weil sie hier ein neues Leben anfangen wollte. Meine Familie lebt in Bolivien, deswegen bin ich oft dort. Wenn wir in Bolivien leben würden, hätte ich vielleicht andere Träume. Ich glaube, ich wäre auch besser in der Schule und hätte weniger Angst vor der Zukunft. In Bolivien kann man leichter studieren als in Deutschland. Meine Freunde dort haben nicht so viel Stress in der Schule wie ich. Deswegen gehe ich vielleicht zurück oder ich gehe in die USA, aber ich weiß es noch nicht.

Arne, 18 Jahre
Mit 70 will ich sagen können, dass ich Spaß im Leben hatte und nichts bereuen muss. Momentan bin ich mit meinem Leben zufrieden. Ich möchte mit Menschen zu tun haben und offen bleiben für Neues. Nach dem Abitur gehe ich erst einmal ins Ausland. Ich würde gern in einem Kinderheim oder in einer Schule arbeiten. Ich habe schon in der Kinderbetreuung gearbeitet, und es hat mir viel Spaß gemacht. Ich wünsche mir, dass ich mit 40 eine Familie mit drei Kindern habe und einen interessanten, gut bezahlten Job.
Ich weiß, dass ich die Welt nicht allein verändern kann, aber ich bin der Meinung, dass jeder bei sich selbst anfangen muss. Die Menschen sollten sich viel mehr für die Welt interessieren. Darum esse ich zum Beispiel kein Fleisch mehr. Das ist gesünder und besser für alle.

b Lies noch einmal. Was steht im Text? Notiere für 1–6 a, b oder c.

1. Zoila möchte
   - a eine Familie haben.
   - b heiraten.
   - c keine Kinder.
2. Zoila lebt in
   - a Bolivien.
   - b Deutschland.
   - c den USA.
3. Sie hat Angst, dass sie
   - a nicht studieren kann.
   - b nach Bolivien muss.
   - c keine Arbeit findet.
4. Arne macht bald
   - a das Abitur.
   - b eine Ausbildung.
   - c ein Studium.
5. Arne möchte
   - a arbeiten gehen.
   - b ins Ausland gehen.
   - c durch die Welt reisen.
6. Arne hofft, dass er
   - a später Kinder hat.
   - b viel Geld verdient.
   - c die Welt ändern kann.

c Wie sehen deine Zukunftspläne aus? Schreib einen Text.

Ich würde gerne …	Ich habe keine Angst vor der Zukunft, weil …
Ich hätte gern …	Ich habe ein wenig Angst vor der Zukunft, weil …
Ich möchte …	Ich will … werden, deshalb …
Ich wünsche mir, dass …	Wenn ich 30 bin, dann will ich …
Ich hoffe, dass …	Manchmal denke ich, dass …

R Seite 128: Wünsche und Pläne

2 Vorbilder

Das lernst du

- Über Biographien sprechen
- Über Vorbilder sprechen
- Einen Text über Vorbilder schreiben

1 Erfolgreiche Menschen – alle auf ihre Art

a Schau dir die Fotos an. Was machen die Personen vielleicht?

Er/Sie macht vielleicht …

Er/Sie lebt vielleicht …

Er/Sie arbeitet vielleicht als …

Er/Sie ist vielleicht berühmt, weil …

b Hör zu. Was machen die Vorbilder von Till, Hasret, Andrej und Leonie beruflich? Ordne ihre Aussagen den Fotos zu.

c Wer ist das? Hör noch einmal und ergänze die Namen in Satz 1–4.

Titus Dittmann – Anke Engelke – Philipp Lahm – Pina Bausch

1. …, … und … denken auch an andere Menschen.
2. … und … haben Mut zum Ausprobieren.
3. … hat „ihr Ding“ gemacht und ist damit weltberühmt geworden.
4. … interessiert sich auch für Politik.

2 Biografien

Bearbeitet die Texte in Expertengruppen.

So funktionieren Expertengruppen

Schritt 1: Jede/r liest einen Text und notiert fünf Stichworte zu der Person.
Schritt 2: Alle, die denselben Text gelesen haben, treffen sich in der *Expertengruppe*.
Schließt das Buch, vergleicht eure Stichworte und besprecht:
Was sind die fünf wichtigsten Informationen?
Schritt 3: Bildet neue Gruppen. In jeder Gruppe ist ein Experte / eine Expertin für jede Person.
Informiert euch gegenseitig über die vier Personen.
Schritt 4: Diskutiert in der Gruppe: Welche Person findet ihr am interessantesten? Warum?

Ich finde besonders interessant, dass …

Ich finde, … ist ein gutes Vorbild, weil …

Wenn ich … wäre, würde ich auch …

1 Anke Engelke ist in Kanada geboren und dreisprachig mit Deutsch, Englisch und Französisch aufgewachsen. Schon als Kind war sie mit einem Kinderchor vor der Kamera und hat mit elf Jahren mit dem berühmten Sänger Udo Jürgens ein Duett gesungen. Das war der Anfang von ihrer Karriere. Seitdem ist sie als Schauspielerin, Sängerin, Komikerin und Moderatorin viel im Fernsehen zu sehen. Sie interessiert sich auch für Politik. Als sie 2011 beim *Eurovision Song Contest* die Wahlergebnisse bekanntgab, betonte sie, wie wichtig das Recht auf freie Wahlen für alle Menschen ist. Sie setzt sich auch für *action medeor* ein. Diese Organisation kämpft zum Beispiel gegen die Krankheit Malaria.

2 Philipp Lahm ist einer der bekanntesten deutschen Fußballspieler. Er ist für viele ein Vorbild, weil er ein sehr fairer, technisch starker und strategisch kluger Spieler ist. Mit Bayern München hat er viele Male die Deutsche Meisterschaft und den DFB-Pokal gewonnen und einmal die Champions League. 2014 war er Kapitän der Weltmeisterschaftsmannschaft. Lahm ist nicht nur sportlich erfolgreich, sondern setzt sich auch für Fairness und Toleranz im Sport und in der Gesellschaft ein. Bereits mit 24 gründete er eine eigene Stiftung. Diese Stiftung setzt sich für benachteiligte Kinder und Jugendliche in Deutschland und Afrika ein. Die Stiftung unterstützt die Kinder durch Sport- und Bildungsangebote, wie das Philipp Lahm Sommercamp und hilft, dass die Kinder neue Perspektiven und eine bessere Zukunft haben.

3 Titus Dittmann war Lehrer in Münster und hat dort den damals neuen Trendsport Skateboarden kennengelernt. Er hat sich sofort für diese Sportart begeistert und eine Skateboard-AG gegründet. Später hat er seine Lehrerstelle aufgegeben, eine Firma gegründet, Skateboardartikel verkauft und große Skateboard-Turniere organisiert. Das war nicht immer einfach und manchmal war er kurz vor der Pleite, aber er hat seine Ideen nicht aufgegeben. Er sagt: „Wenn dein Herz für eine Sache brennt, ist es egal, wie oft du auf die Schnauze fliegst." Mit dieser Einstellung ist er erfolgreich geworden. Aber es geht ihm nicht nur um das Geldverdienen. Mit seiner Stiftung kümmert er sich um sozial benachteiligte Kinder und Jugendliche in Afrika und Afghanistan. Dort wurde eine Skate- und Sportanlage für 7000 Schulkinder gebaut.

4 Pina Bauschs Eltern hatten eine kleine Gaststätte. Pina musste den Eltern viel helfen, aber sie hat sich schon früh für das Tanzen interessiert und mit Ballettunterricht angefangen. Schon mit 14 Jahren hat sie an der berühmten Folkwangschule in Essen Tanz studiert und mit 21 Jahren hatte sie ein Engagement an der Metropolitan Opera in New York. Aber eine Karriere als Tänzerin war ihr nicht genug. Sie wollte ihre eigenen Ideen verwirklichen und hat als Choreographin in Wuppertal das Tanztheater ganz neu erfunden. Das wichtigste Thema in ihren Stücken sind die Kommunikation zwischen Menschen und der Ausdruck von Gefühlen. Ihre Tanz-Sprache ist international. Pina Bausch zählt bis heute zu den bedeutendsten Choreographen der Welt.

3 Ich interessiere mich für ...

a Mit welchen Präpositionen stehen diese Verben in den Texten auf Seite 13?

Text 1: sich interessieren – sich einsetzen – kämpfen
Text 3: sich begeistern – brennen – es geht – sich kümmern
Text 4: sich interessieren – anfangen – zählen

Eine Liste der Verben mit Präpositionen findest du auf Seite 126-127.

b Lies und ergänze das *Denk nach*.

Denk nach

Sachen: wofür, womit ...	Personen: für wen, mit wem ...
Wofür setzt er sich ein? ... soziale Gerechtigkeit.	Für wen setzt er sich ein? ... benachteiligte Kinder.
Präposition beginnt mit einem Konsonanten: für, mit, zu, bei ... → wofür, womit, wozu, wobei ...	mit Akkusativ: für wen, gegen wen, um wen ...
Präpositionen beginnt mit einem Vokal: in, an, auf, aus ... → worin, woran, worauf, woraus ...	mit Dativ: mit wem, von wem, zu wem

c Beantworte die Fragen.

1. Wogegen kämpft Philipp Lahm?
2. Um wen kümmert sich Titus Dittmann?
3. Wofür hat er sich begeistert?
4. Wofür interessiert sich Anke Engelke?
5. Womit hat Pina Bausch schon als Kind angefangen?

d Schreib die Fragen zu den Antworten 1–8. Fragt dann in der Klasse.

1. Wir interessieren uns **für** Mode.
2. Ich ärgere mich **über** intolerante Menschen.
3. Wir freuen uns **auf** die Ferien.
4. Er telefoniert oft **mit** Talia .
5. Sie engagieren sich **für** den Umweltschutz.
6. Fredo freut sich **über** den Sieg vom 1. FCK.
7. Riza kümmert sich oft **um** meinen Bruder.
8. Asim begeistert sich **für** neue Technik.

1. Wofür interessiert ihr euch?

4 Interview mit dem Psychologen Professor Stein

a Lies die Sätze 1 – 6. Hör das Interview und notiere: richtig oder falsch.

1. Professor Stein sagt, dass Vorbilder wichtig sind.
2. Ein Vorbild darf nicht zeigen, dass es Probleme hat.
3. Ein Vorbild hat meistens eine starke Persönlichkeit.
4. Man kann nur ein Vorbild haben.
5. Es ist besser, wenn man sein Vorbild persönlich kennt.
6. Vorbilder können auch eine negative Wirkung haben.

b Professor Stein erzählt von einem Experiment. Hör noch einmal. Mach Notizen und gib das Experiment mit eigenen Worten wieder.

5 Malala Yousafzai – die jüngste Nobelpreisträgerin aller Zeiten

a Lies die Texte und beantworte die Fragen 1–6.

1. Woher kommt Malala?
2. Wo wohnt Malala jetzt?
3. Was ist ihr passiert?
4. Was hat Malala in ihrem Blog geschrieben?
5. Warum hat sie den Friedensnobelpreis bekommen?
6. Wie möchte sie die Welt verändern?

Text 1

Mein Vorbild heißt Malala. Sie hat als jüngste Nobelpreisträgerin mit 13 Jahren den Friedensnobelpreis bekommen, weil sie für das Recht auf Bildung auch für Mädchen gekämpft hat. Sie ist in Pakistan aufgewachsen, im Swat-Tal, an der Grenze zu Afghanistan. Dort sind die Taliban sehr stark. Sie möchten verhindern, dass Mädchen zur Schule gehen. Sie zerstören die Schulen und bedrohen die Mädchen. Malala hat in einem Blog über die Gewalttaten der Taliban berichtet. Die Taliban haben sie deshalb angegriffen und lebensgefährlich verletzt. Sie wusste, dass das Blogschreiben sehr gefährlich für sie war, aber sie hat es trotzdem gemacht, weil sie möchte, dass auch Mädchen eine Chance bekommen. „Ein Kind, ein Lehrer und ein Stift können die Welt verändern", hat sie in einer Rede vor den Vereinten Nationen gesagt. Ich finde es sehr beeindruckend, wie sie schon als so junge Schülerin verstanden hat, was wichtig ist, und sich auch mutig für ihre Ziele eingesetzt hat.

Text 2

Ich habe Malala ausgewählt. Sie hat 2014 zusammen mit Kailash Satyarthi den Friedensnobelpreis bekommen. Sie hat für Mädchenschulen in Pakistan gekämpft. Die Taliban sind gegen Bildung für Mädchen. Sie haben Malala auf dem Weg zur Schule lebensgefährlich verletzt. Die Taliban haben den Schulbus angehalten, nach Malala gefragt und ihr dann ins Gesicht geschossen. Malala ist nach Birmingham in Großbritannien in ein spezielles Krankenhaus gekommen und dort wieder gesund geworden. Ihre Familie konnte glücklicherweise auch nach Großbritannien kommen. Malala war 2014 erst 13 Jahre alt, als sie den Friedensnobelpreis bekommen hat. Ich finde es toll, dass sie mit 13 Jahren schon so viel erreicht hat. Malala möchte, dass Mädchen eine Chance bekommen. Sie hat eine Rede vor den Vereinten Nationen gehalten und hat gesagt: „Ein Kind, ein Lehrer und ein Stift können die Welt verändern."

b Lies die Texte noch einmal und suche die grünen Wörter zu den Erklärungen.

1. kaputt machen
2. das Gegenteil von „ängstlich"
3. stoppen
4. sagen, dass man jdm. etwas Böses tun will
5. so verletzen, dass die Person vielleicht stirbt
6. etwas anders machen

c Hört die beiden Texte und lest mit. Welcher Text ist besser? Warum? Sammelt Gründe.

d Wer könnte dein Vorbild sein?
Recherchiere über das Leben der Person und schreib einen Text wie in 5.

Mein Vorbild ist …	Er/Sie ist … von Beruf.
Ich habe … ausgewählt.	Ich finde interessant, dass …
Ich finde es gut, wenn …	…, aber ich finde (nicht) gut, dass/wenn …
Mich hat überrascht/beeindruckt, dass …	Ich finde es sehr beeindruckend, dass …

R Seite 130: Vorbilder

3 Berufe

Das lernst du

- Über Berufe sprechen
- Einen Beruf genauer erklären
- Einen Fragebogen zu eigenen Stärken und Schwächen beantworten
- Über eigene Stärken und Schwächen sprechen

1 Berufe

a Ordne die Berufe den Fotos zu.

der Bauingenieur – der Designer – die Geschichtswissenschaftlerin – der Jurist/Rechtsanwalt/Richter – der Geigenbauer – der Hörgeräteakustiker

b Sieh dir die Bilder an. Isabel, Suna, Emily und Max sprechen über ihre Berufswünsche. Hör zu. Welche Aussage passt zu welchem Foto?

c Hör noch einmal. Was ist richtig? Notiere a, b oder c.

1. Isabel Antun
   - a möchte Lehrerin werden.
   - b weiß nicht, was sie werden möchte.
   - c möchte Wissenschaftlerin werden.

2. Suna Heval
   - a hat ein Praktikum gemacht.
   - b macht eine Ausbildung zum Geigenbauer.
   - c möchte Geige an der Universität studieren.

3. Emily Schmitt
   - a möchte einen Frauenberuf machen.
   - b will Mathematik studieren.
   - c möchte Brücken bauen.

4. Max Kloni
   - a möchte keine anstrengende Arbeit.
   - b möchte in einer großen Firma arbeiten.
   - c möchte eine interessante Arbeit haben.

d Welchen von den sechs Berufen findet ihr interessant? Warum?

2 Wortschatz Berufe

a Wer arbeitet wo? Fragt und antwortet wie im Beispiel.

der/die Handwerker/in der/die Geigenbauer/in der/die Hörgeräteakustiker/in der/die Mediendesigner/in der Anwalt / die Anwältin der/die Richter/in der/die Universitätsprofessor/in der/die Bauingenieur/in	arbeitet	an der Universität im Büro in einer Werkstatt am Computer vor/bei Gericht auf einer Baustelle drinnen/draußen in einer Firma in einem Betrieb an einem Forschungsinstitut

Wo arbeitet ein Geigenbauer?

Ein Geigenbauer arbeitet meistens drinnen. Er arbeitet in einer Werkstatt.

b Ordne Wörter aus A und B einander zu und schreib Sätze zu den Berufen.

A	B
neue Produkte, Kunden, Werkzeuge, Prozesse, ein Urteil, ein Design, Programme, Bücher, Angeklagte, Teams, Arbeiten, eine Firma, Geige, Hörgeräte, Brücken, Gebäude, in Teams, wissenschaftlich, Gesetze	entwerfen, beraten, betreuen, bauen, brauchen, verwenden, sprechen, verteidigen, produzieren, kontrollieren, überprüfen, entwickeln, planen, schreiben, veröffentlichen, leiten, organisieren, interpretieren, reparieren, zeichnen, forschen, zusammenarbeiten

Eine Richterin interpretiert Gesetze. Sie arbeitet bei Gericht.

3 Etwas genauer sagen – Relativsätze

a Lies die Aussage von Isabel und ergänze das Relativpronomen im *Denk nach*.

Ich möchte an einem Institut arbeiten, das die Geschichte von Asien erforscht.

Mein Tipp: Die Relativpronomen sind im Nominativ genau wie die Artikel: der, das, die.

Denk nach

Nominativ — Ich möchte einen Beruf. **Der** Beruf ist interessant.
▼
Ich möchte einen **Beruf**, **der** interessant ist.
Ich möchte an einem **Institut** arbeiten, ▼ die Geschichte von Migranten …

Relativsätze sind Nebensätze. Sie stehen nahe bei dem Nomen, das sie genauer bestimmen.

Mein **Onkel**, **der Ingenieur ist**, fährt oft ins Ausland.

b Schreib Relativsätze.

1. Ich will einen Beruf haben, ▼. — Der Beruf macht mir Spaß.
2. Alle wollen eine Arbeit haben, ▼. — Die Arbeit ist interessant.
3. Das Werkzeug, ▼, braucht man beim Geigenbau. — Das Werkzeug liegt auf dem Tisch.
4. Meine Freunde, ▼, sind nervös. — Die Freunde machen ein Praktikum in Deutschland.

4 Stärken und Schwächen

a Lies den Text. Warum ist es gut, wenn man seine Stärken und Schwächen kennt?

Stärken und Schwächen erkennen

„Welche Stärken und welche Schwächen habt ihr?", also, „Was könnt ihr besonders gut und was könnt ihr nicht so gut?" Das sind Fragen, die man nicht so einfach beantworten kann. Manche Menschen überschätzen sich. Sie sehen nur ihre Stärken und meinen, dass sie keine Schwächen haben. Aber jeder weiß, dass das nicht stimmt, denn niemand ist perfekt.

Andere sind zu vorsichtig und sehen zu sehr ihre Schwächen und trauen sich nicht, über ihre Stärken zu sprechen. Das ist auch nicht realistisch. Jeder von uns kann etwas besonders gut. Man muss sich selbst vertrauen können. Was braucht ihr in dem Beruf, den ihr später mal machen möchtet? Es ist ganz wichtig, dass man sich selbst gegenüber ganz ehrlich ist. Nur wenn man ehrlich seine Stärken und Schwächen herausfindet und akzeptiert, kann man etwas lernen. So kann man seine Stärken betonen und mit seinen Schwächen umgehen.

b Relativpronomen im Akkusativ – Lies das *Denk nach* und überlege: Was ist das Subjekt und was ist das Objekt im Relativsatz?

A Was braucht ihr für den Beruf? Ihr wollt den Beruf später mal machen?
▼
B Was braucht ihr für den Beruf, den ihr später mal machen wollt?

c Schreib Relativsätze.

1. Musiker ist ein Beruf, ▼. — Nur wenige können **den** Beruf machen.
2. Die Schülerin, ▼, will Professorin werden. — Ich habe **die** Schülerin gestern getroffen.
3. Physik ist ein Studiengang, ▼. — Nur wenige schaffen **den** Studiengang.
4. Die Geigen, ▼, sind nicht billig. — Der Geigenbauer baut **die** Geigen.
5. Ein Hörgeräteakustiker baut Geräte, ▼. — Viele alte Leute brauchen **die** Hörgeräte.
6. Neugierig sein ist eine Stärke, ▼. — Man braucht **die** Stärke für viele Berufe.

Mein Tipp: Das Relativpronomen und der Artikel im Akkusativ sind gleich.

d Besondere Berufe – Wähle einen Beruf aus und erfinde eine Erklärung. Die anderen raten.

der/die Bibliothekar/in
der/die Buchbinder/in
der/die Energieberater/in
der/die Ernährungstechniker/in
der/die Fußpfleger/in
der/die Glaser/in
der/die Hausverwalter/in
der/die Hochzeitsplaner/in
der/die Käser/in
der/die Klavierbauer/in
der/die Lebensmittelkontrolleur/in
der/die Museumspädagoge/-gin
der/die Papierblattmacher/in
der/die Rettungsschwimmer/in
der/die Spiele-Entwickler/in
der/die Teebereiter/in
der/die Uhrmacher/in
der/die Zweiradmechaniker/in

Das sind Leute, die Feste planen. Jemand, der heiratet, kann diese Leute engagieren.

Projekt

Berufe bei uns – Macht Interviews mit Verwandten oder Bekannten über ihren Beruf.
Sprachmittlung: Macht Notizen in der Muttersprache.
Präsentiert die Ergebnisse auf Deutsch.

Was ist wichtig in deinem Beruf?

Was ist schön an deinem Beruf und was nicht?

Würdest du mir deinen Beruf empfehlen? Warum?

Welche Eigenschaften muss man für deinen Beruf haben?

...

5 Deine Stärken

a Lies den Fragebogen und kläre unbekannte Wörter.

1. Ich gehe noch … Jahre in die Schule bis zu meinem Schulabschluss.
2. Ich lerne [a] gern / [b] nicht gern.
3. Ich spreche … Sprachen, und zwar …

Ich kann …

4. ... Menschen helfen
5. ... kochen.
6. ... backen.
7. ... Dinge bauen.
8. ... Computer installieren.
9. ... Computerprogramme erklären.
10. ... einen Haushalt organisieren.
11. ... elektrische Geräte installieren.
12. ... elektrische Geräte reparieren.
13. ... Fahrräder reparieren.
14. ... auf Kinder aufpassen.
15. ... Kleidung nähen / reparieren.
16. ... einen Garten pflegen / anlegen.
17. ... eine Wohnung renovieren.
18. ... singen.
19. ... ein Musikinstrument spielen.

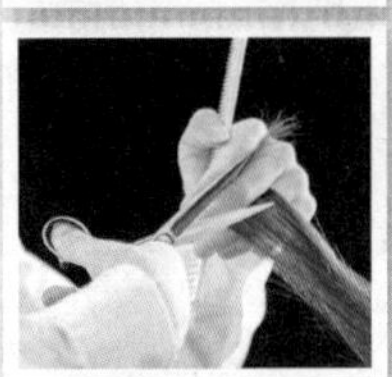

20. ... Haare schneiden.
21. … gut verkaufen.
22. … Menschen beraten.
23. Meine liebsten Schulfächer sind …
24. Und das kann ich auch noch: …
25. Ich bin gern mit Menschen zusammen.
26. Ich spreche gern.
27. Ich bin meistens [a] gut gelaunt / [b] nicht so gut gelaunt.
28. Ich bin [a] eher sportlich / [b] nicht so sportlich.
29. Ich lese gern [a] Bücher / [b] Zeitungen / [c] …
30. Ich arbeite gern [a] mit vielen Menschen / [b] allein.
31. Ich möchte selbstständig arbeiten.
32. Ich finde es gut, wenn man mir genau sagt, was ich tun muss.
33. Ich arbeite gern [a] draußen / [b] am Schreibtisch.
34. Damit habe ich in meinem Leben schon mal Geld verdient: …
35. Das ist für mich im Arbeitsleben wichtig: …

b Lies die Beispiele und beantworte danach den Fragebogen für dich im Heft.

1. acht Jahre 2. b 3. drei Sprachen (Vietnamesisch, Englisch, Deutsch) ...
24. Ich spiele gut Tennis und außerdem schwimme ich gern ...
34. Ich habe schon im Supermarkt gearbeitet und Leuten im Haushalt geholfen.

c Interviewe eine Partnerin / einen Partner.

R Seite 128: Stärken und Schwächen

d Berichte in der Klasse.

4 Familie

Das lernst du

- Familien beschreiben
- Begriffe definieren
- Über die Rollen in der Familie diskutieren
- Über eine Grafik sprechen

1 Familienleben

a **Beschreib die Familien auf den Fotos.**

b **Wer und was gehört für euch zu „Familie"? Sammelt in der Klasse.**

c **Hör zu. Zu welchen Interviews passen die Fotos?**

d **Hör noch einmal und notiere: richtig oder falsch.**

1. Chris hat eine Schwester und einen Bruder.
2. Die Großeltern wohnen im gleichen Haus.
3. Chris ist lieber mit seinen Freunden zusammen als mit der Familie.
4. Jessica wohnt mit ihrem Vater zusammen.
5. Ihre Mutter und ihr Vater sind getrennt.
6. Sie versteht sich gut mit ihrer Mutter und macht gerne etwas mit ihr.

e **In welcher Familie würdest du gerne mal Gast sein? Warum?**

2 Wohnformen und Familientypen

a Was passt zusammen? Ordne zu.

1. Ein Single ist ein Mensch,
2. Eine Patchworkfamilie ist eine Familie,
3. Großfamilien sind Familien,
4. Ein Lebenspartner ist ein Mensch,
5. Alleinerziehende haben Kinder,

a) für die sie fast immer alleine da sein müssen.
b) in denen mehr als zwei Generationen zusammenleben.
c) in der Teile von verschiedenen Familien eine neue Familie bilden.
d) mit dem man zusammenlebt, aber nicht verheiratet ist.
e) der alleine lebt.

b Lies die Sätze in 2a noch einmal und ergänze das *Denk nach*.

Denk nach

Relativsätze mit Präpositionen

Alleinerziehende haben Kinder. Sie müssen **für die** Kinder fast immer allein da sein.
Alleinerziehende haben **Kinder, für …** sie fast immer allein da sein müssen.

Ein Familienauto ist ein **Auto, in …** die ganze Familie Platz hat.

! Dativ Plural
Patchworkfamilien sind **Familien, in …** Teile von verschiedenen Familien eine neue Familie bilden.

c Schreib die Definitionen.

1. Eine Ein-Kind-Familie ist eine Familie. In der Familie gibt es nur einen Sohn oder eine Tochter.
2. Ein Hausmann ist ein Mann. Für den Mann sind Haushalt und Familie der Arbeitsplatz.
3. Kindergärten sind Einrichtungen. In den Einrichtungen lernen und spielen Kinder von drei bis sechs Jahren.

d Definiere die Begriffe.

alleinerziehender Vater – klassische Familie – Kleinfamilie – Paar – Einzelkind – Hausfrau

3 Rollen in der Familie

a Lies den Text und beantworte die Fragen.

1. Was ist die traditionelle Rollenverteilung?
2. Was ist Elternzeit?
3. Wer nimmt die Elternzeit: nur Männer, nur Frauen oder beide?

In den meisten Familien in Deutschland kümmern sich auch heute noch hauptsächlich die Frauen um den Haushalt und die Kinder. Die Männer sind verantwortlich für das Geldverdienen. Natürlich arbeiten die meisten Frauen auch und verdienen Geld und viele (5) Männer helfen im Haushalt, trotzdem ist die traditionelle Rollenverteilung noch weit verbreitet. Aber die Gesellschaft ändert sich. Seit einigen Jahren können Frauen und Männer „Elternzeit" nehmen. Das ist eine arbeitsfreie Zeit zur Erziehung der kleinen Kinder, in der der Staat einen Teil vom Gehalt bezahlt. Über 30 % der Väter nehmen (10) heute dieses Angebot an. Sie arbeiten einige Monate nicht in ihrem Beruf, sondern betreuen ihre kleinen Kinder und machen den Haushalt. Die Mutter kann in dieser Zeit arbeiten. Das heißt aber auch, dass fast 70 % der Väter das Angebot noch nicht annehmen. Der Grund ist oft, dass die Männer Nachteile im Beruf befürchten.

b Wie ist das in eurem Land, in eurer Familie?

4 Debatte

Sollen Vater und Mutter je 12 Monate die Kleinkindbetreuung übernehmen?

Pro 1
Du kämpfst für die Rechte von Frauen und findest gut, dass der Staat etwas für die Gleichberechtigung tut.

Pro 2
Du bist Familienminister/in und findest, dass die Berufswelt so sein muss, dass man Familie und Beruf vereinbaren kann.

Kontra 1
Du kannst dir nicht vorstellen, so lange vom Beruf weg zu sein.

Kontra 2
Du findest, dass der Staat sich nicht in die Familien einmischen soll.

- Sammelt zuerst in Gruppen Argumente für die vier Positionen.
- Dann trägt jede Gruppe ihre Position vor.
- Diskutiert danach in der Klasse und sucht einen Kompromiss.

Ⓡ Seite 130: Diskussionen

5 Was wäre, wenn …?

Wähle Aufgabe A oder B und schreib einen Text.

A
Wenn du mit einer anderen Person aus deiner Familie tauschen könntest, mit wem würdest du tauschen?
Was würdest du tun?
Was wäre besser? Was wäre schlechter?
Beschreib einen typischen Tag.

Ich würde am liebsten mit meiner Tante tauschen. Dann hätte ich …

B
Wenn du die ideale Familie wählen könntest, wie würde sie aussehen?
Wer würde dazugehören?
Wie würdest du leben?
Beschreib einen typischen Tag.

Ich hätte am liebsten …

6 Statistik

a Welche Überschrift passt am besten?

1 Haushalte in Europa

2 Familienleben in Deutschland

3 Familie im Wandel – Haushalte immer kleiner

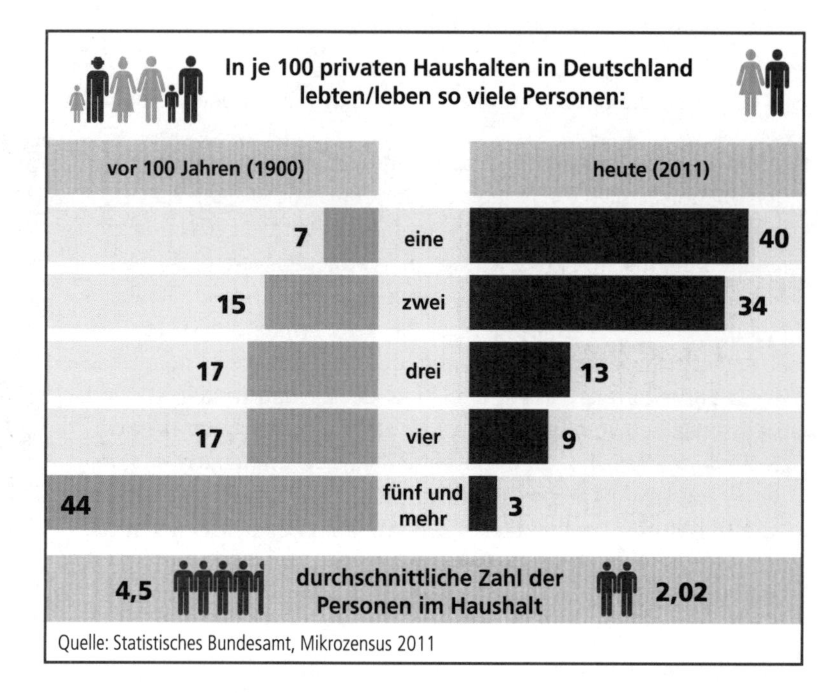

b Eine Grafik beschreiben – Mengenangaben: Was passt zusammen?

100 %	keiner/niemand
98 %	drei Viertel
75 %	ein Drittel
50 %	ein Viertel
44 %	alle
34 %	etwas mehr als ein Drittel
33.3 %	fast alle
25 %	fast die Hälfte
0 %	die Hälfte

25 Prozent ist ein Viertel.

c Richtig oder falsch? Lies die Sätze 1–4 und vergleiche mit der Grafik auf Seite 22.

1. Vor hundert Jahren haben in fast der Hälfte der Haushalte fünf und mehr Personen gelebt.
2. Heute leben in einem Viertel der Haushalte fünf und mehr Personen.
3. Vor hundert Jahren haben durchschnittlich 2,1 Personen in einem Haushalt gelebt.
4. Heute leben in 10 Prozent der Haushalte vier Personen.

Genitiv Plural

Heute leben in zehn Prozent **der Haushalte** (= **von den** Haushalten) vier Personen.

Ⓡ Seite 130: Statistiken und Grafiken

d Was sind mögliche Gründe für diese Veränderung? Arbeitet zu viert. Ordnet A–G von sehr wichtig bis nicht wichtig. Vergleicht in der Klasse.

Der wichtigste Grund für die Veränderung ist für uns …, weil …

A Man kann Familien planen.
B Die Frauen wollen arbeiten und Karriere machen.
C Kinder sind zu teuer.
D Früher haben die Kinder die Eltern im Alter unterstützt, heute bekommt man im Alter Rente.
E Viele Paare sind berufstätig und beide arbeiten und wohnen an verschiedenen Orten.
F Paare haben weniger Zeit für Kinder.
G Die Ausbildung dauert länger als früher. Die Frauen sind älter, wenn sie mit der Ausbildung fertig sind, und können dann manchmal keine Kinder mehr bekommen.

e Familien in deinem Land und in Deutschland. Was ist in deinem Land anders? Warum ist das so? Diskutiert in der Klasse oder schreibt Texte.

Bei uns sind mehr/weniger Familien mit … Kindern.

In Deutschland gibt es weniger … als bei uns in …

Die meisten Familien in …

Früher … und heute …

Ich glaube, dass … Ich habe gehört, dass …

Ⓡ Seite 128: Vergleiche, Seite 129: Ähnlichkeiten und Unterschiede

1 Sprechen – sich selbst vorstellen

Stelle dich oder eine andere Person vor.

Tipp

So kannst du die Selbstvorstellung trainieren.

1. Stichworte sammeln.
2. Stichworte ordnen.
3. Wichtige Wörter aussprechen üben.
4. Den Text mit Hilfe der Stichworte üben. Versuche nicht, einen geschriebenen Text auswendig zu lernen. Formuliere jedes Mal ein bisschen anders.

a) Mit einem Partner / einer Partnerin üben.
b) Dich selbst beim Vortrag mit dem Handy aufnehmen und die Aufnahme ansehen:
   – Wie ist deine Mimik/Gestik?
   – Sprichst du laut und deutlich genug?

! Deine Selbstvorstellung darf nicht auswendig gelernt klingen.

2 Hören – Ansagen

Du hörst vier Nachrichten auf dem Anrufbeantworter.
Lies zuerst die Aufgaben 1–4.
Du hast dafür 60 Sekunden Zeit.
Höre nun die Nachrichten.
Löse die Aufgaben beim Hören.
Wähle bei jeder Aufgabe die richtige Lösung (a oder b oder c).
Danach hörst du die Nachrichten noch einmal.

Tipp

1. Kreuze beim ersten Hören für jede Aufgabe eine Lösung an.
2. Wenn du nicht sicher bist, dann notiere ein „?" oder streiche eine Lösung weg, die auf jeden Fall falsch ist.
3. Konzentriere dich beim zweiten Hören besonders auf die Aufgaben mit „?".

1. Rolf will mit der Berufsberatung sprechen. Er wählt die …
   a 0.
   b 1.
   c 2.

2. Was soll Frau Arbogast tun?
   a Einen neuen Termin ausmachen.
   b Herrn Benn besuchen.
   c Zur Berufsberatung gehen.

3. Die „Traumwelt" ist …
   a eine neue Abteilung in einem Kaufhaus.
   b ein neuer Film im Kino.
   c ein Freizeitpark.

4. Tessa möchte …
   a am 11. Dezember ins Kino.
   b am 13. Dezember ins Kino.
   c am 13. Dezember schwimmen gehen.

3 Lesen – Zeitungsartikel

Tipp

- Lies den Text relativ schnell. So bekommst du einen Überblick.
- Lies nun die Aufgaben noch einmal: langsam und sehr genau nacheinander. Lies eine Aufgabe und dann den Anfang vom Text, bis du die Information für die Aufgabe findest.
- Entscheide dich für jede Aufgabe: Was ist richtig, a, b oder c? Gehe dann zur nächsten Aufgabe und arbeite genauso.
- ! Wenn es zu einer Aussage keine Information im Text gibt, dann ist die Aussage falsch.

Lies den Text und die Aufgaben 1–6. Notiere bei jeder Aufgabe die richtige Lösung.

Olga hat ihren Traumberuf gefunden

Olga Brodski ist im zweiten Jahr ihrer Ausbildung zur Erzieherin. Ihre Schule hat hohe Erwartungen an sie, sagt sie, aber die Schule ist auch sehr gut und hat einen guten Ruf. Die Ausbildung besteht 5 aus einem schulischen Teil und einer ganzen Reihe von Praktika.

Um die Praktikumsplätze, die die Auszubildenden in ihrer Ausbildung brauchen, müssen sie sich 10 selbst kümmern. Sie bekommen aber viel Unterstützung von der Schule, so dass es nicht allzu schwer ist, einen Praktikumsplatz zu finden. Olga hat schon vor ihrer Ausbildung ein Praktikum absolviert, das ihr viel Spaß gemacht hat. Dort hat 15 sie ihre Freude an der Arbeit mit den Kindern gefunden und ihren Freund Oskar, der auch Erzieher ist, kennengelernt.

„Kinder sehen die Welt mit ganz anderen Augen als Erwachsene", sagt Olga und: „Manchmal habe 20 ich das Gefühl, dass ich jeden Tag genauso viel von ihnen lernen kann wie sie von mir." Olga hatte schon seit ihrem 12. Lebensjahr den Berufswunsch, „Erzieherin" zu werden. Durch die Praktika ist sie nun ganz sicher, dass sie diesen Beruf ausüben will. 25 Die Ausbildung ist interessant, aber sehr anspruchsvoll. Zurzeit hat sie Teilzeit-Unterricht. Das bedeutet, dass sie zwei Tage zur Schule geht, montags und dienstags, und den Rest der Woche arbeitet sie im Kindergarten. Dazu kommen noch 30 Hausarbeiten und Referate. „Ich liebe die Arbeit mit Kindern", schwärmt Olga, „es wird nie langweilig und sie bereiten mir viel Freude. Die ganze Arbeit im Kindergarten, also auch das Team, muss stimmen und bei mir im Kindergarten ist das so." 35 Die Liebe zu Kindern ist Voraussetzung für diesen Beruf. Eine Erzieherin muss sich immer wieder auf neue Situationen einstellen. Deshalb ist Flexibilität eine wichtige Eigenschaft für diesen Beruf. Man muss die Kinder so akzeptieren können, wie 40 sie sind und man muss sehr belastbar und geduldig sein. Olga strahlt Ruhe und Sicherheit aus. Man glaubt ihr, dass sie den richtigen Platz im Berufsleben gefunden hat.

1. Olga …
   - a ist Erzieherin.
   - b macht eine Ausbildung.
   - c macht ein Praktikum.

2. Die Schule
   - a ist teuer.
   - b hilft den Studenten.
   - c macht keinen Spaß.

3. Olga wollte schon lange
   - a Oskar kennenlernen.
   - b Kinder haben.
   - c Erzieherin werden.

4. Mittwochs bis freitags ist Olga
   - a im Kindergarten.
   - b in der Schule.
   - c zu Hause.

5. Olga arbeitet gerne
   - a mit Oskar zusammen.
   - b zu Hause.
   - c mit Kindern.

6. Als Erzieherin muss man
   - a sich anpassen können.
   - b konsequent sein.
   - c interessant sein.

4 Mit dem Wörterbuch arbeiten

a Sammelt in der Klasse Situationen, in denen ihr das Wörterbuch benutzt.

b Informationen im einsprachigen Wörterbuch finden. Arbeitet zu zweit. Lest die Wörterbucheinträge und beantwortet die Fragen.

Verb

1. Wie trennt man das Wort in Silben?
2. Welche Informationen bekommst du von ɛɐ̯'kʊndɪgn̩
   Wo ist der Wortakzent?
3. Wie heißt die 3. Person Singular?
   Wie heißt die 3. Person Präteritum?
   Wie heißt das Perfekt?
4. Welche Präposition gehört zu dem Verb?
5. Was bedeutet: *<sich e.>*?
6. Was bedeutet *nach etwas, jmdm. fragen*?
7. Wie kann man das Wort benutzen?
   Lies die Beispiele und schreib zwei eigene Beispielsätze.

er|kun|di|gen, [ɛɐ̯'kʊndɪgn̩], erkundigt, erkundigte, erkundigt ‹sich e.›: *nach etwas, jmdm. fragen:* sich nach dem Preis erkundigen; sie erkundigte sich nach ihren Kindern; hast du dich erkundigt, wie viel die Fahrt kostet?

Nomen

1. Wie trennt man das Wort in Silben?
2. Wo ist der Wortakzent?
3. Wie viele verschiedene Bedeutungen hat das Wort?
4. Wie heißen der Genitiv und die Pluralform?
5. Welche Komposita (Zusammensetzungen) gibt es mit dem Wort?
6. Wie kann man das Wort benutzen?
   Lies die Beispiele und schreib für jede Bedeutung einen Beispielsatz.

die **Kennt|nis,** ['kɛntnɪs]; -, -se: **1.** ‹ohne Plural› *das Wissen von etwas:* es geschah ohne meine Kenntnis; sie hatte [keine] Kenntnis von dem Vorhaben; sich aus eigener Kenntnis ein Bild von etwas machen können; nach meiner Kenntnis ist die Sache anders gelaufen. *Zus.:* Menschenkenntnis, Ortskenntnis, Sachkenntnis. **2.** ‹Plural› *[durch Erfahrung oder Studium erworbenes] Wissen auf einem bestimmten Gebiet, in einem bestimmten Fach:* auf einem bestimmten Gebiet besondere, hervorragende Kenntnisse haben, besitzen; Kenntnisse in mehreren Fremdsprachen haben; ich will meine Kenntnisse in Deutsch auffrischen, erweitern, vertiefen. *Zus.:* Sprachkenntnisse.

Adjektiv

1. Wie trennt man das Wort in Silben?
2. Wo ist der Wortakzent?
3. Wie heißt der Komparativ und der Superlativ?
4. Wie viele Bedeutungen hat das Wort „schmutzig"?
5. Was bedeutet „(abwertend)"?
6. Was ist ein Synonym von „schmutzig"?
7. Es gibt Beispiele, wie man das Wort benutzen kann. Bilde drei Sätze.

schmut|zig, [ˈʃmʊtsɪç], schmutziger, am schmutzigsten ‹Adj.› : **1.** *mit Schmutz daran, nicht sauber:* schmutzige Kleider, Hemden; schmutzige Hände haben; schmutziges (gebrauchtes, abzuwaschendes) Geschirr; eine schmutzige (Schmutz verursachende, mit Schmutz verbundene) Arbeit; das Wasser, die Luft ist schmutzig; die Fenster sind schon wieder schmutzig; sich, [sich] seinen Anzug schmutzig machen. *Syn.:* dreckig **2.** (abwertend) *nicht anständig:* schmutzige Witze, Schimpfwörter; du hast eine schmutzige Fantasie; seine Geschichten sind immer ziemlich schmutzig. *Syn.:* derb, unmoralisch. **3.** (abwertend) *in moralischer Hinsicht sehr zweifelhaft:* schmutzige Geschäfte, Tricks; ein schmutziger Handel; mit schmutzigen Mitteln arbeiten; schmutziges *(auf verbotene Weise erworbenes)* Geld.

c Lest die Tipps und diskutiert in der Klasse: Wann ist es sinnvoll, das einsprachige Wörterbuch zu benutzen? Was sind die Probleme?

Tipp

Beim Lesen

Wenn du einen Text liest, nicht jedes Wort sofort im Wörterbuch suchen.
- Überlege zuerst, ob das Wort wichtig für das Verstehen ist.
- Überlege dann, ob du das Wort aus dem Kontext erschließen kannst.
- Man kann Wörter aus der Wortbildung erschließen: *wissenschaftlich* hat die Endung *-lich* und ist ein Adjektiv, das zu *Wissenschaft* gehört. *Wissenschaftlerin* hängt auch mit *Wissenschaft* zusammen. Die Endung *-in* zeigt, dass es eine weibliche Person ist.

Beim Schreiben
- Wenn du einen Text schreibst und ein Wort so ungefähr kennst, aber nicht genau weißt, wie du es benutzen kannst, findest du in einem einsprachigen Wörterbuch oft hilfreiche Beispielsätze.

5 Sprechtraining – Betonung im Satz

a Hör die Definitionen. Welche Wörter sind betont?

Ein Vorbild ist ein Mensch,
der ein Leben führt,
wie ich es auch gerne führen möchte.
Es ist ein Mensch,
den ich nachahmen möchte.
Jemand, der so ist,
wie ich es gerne wäre.

b Hör noch einmal und sprich nach. Achte auf die Melodie.

c Steht auf, denkt euch ein großes Publikum und erklärt das Wort. Sprecht laut und deutlich. Ihr könnt eure Worte auch mit Gesten unterstützen.

d Lies die Definition. Welche Wörter würdest du betonen? Es gibt mehrere Möglichkeiten.

Eine Stärke ist eine besondere Fähigkeit, die jemand hat. Wenn jemand etwas besonders gut kann, z. B. mit Menschen umgehen oder Dinge reparieren, dann sagt man, dass das seine Stärke ist.

e Hör zu und vergleiche.

f Schreib eine Definition für das Wort „Friedensnobelpreis". Trage die Definition laut vor.

5 Zukunft

Das lernst du

- Sagen, was man in der Zukunft tun wird
- Über die Stadt der Zukunft sprechen
- Ein Brainstorming machen

A

B

1 Es gibt keinen Grund für eine Einzelperson, einen Computer zu Hause zu haben.
Kenneth Olsen (Digital Equipment Corp.)

2 Es gibt nicht den geringsten Hinweis, dass Atomenergie jemals nutzbar sein wird.
Albert Einstein

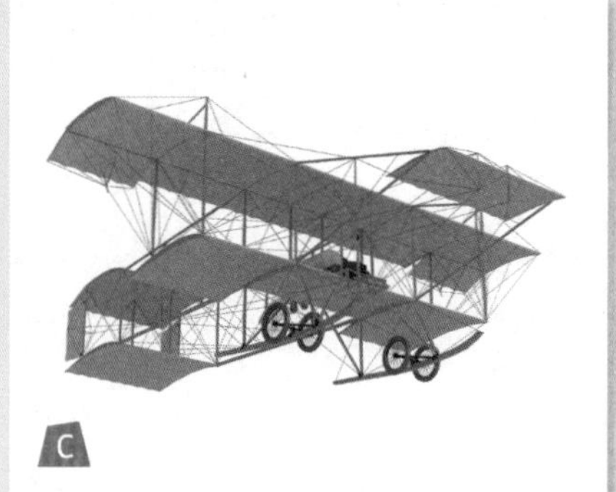
C

3 Das Pferd wird bleiben. Das Auto ist nur ein neumodischer Schnickschnack.
Ein Vorstand der Bank Michigan Savings zu einem Kunden, der in Henry Fords Unternehmen investieren wollte.

D

E

4 Das Fernsehen wird nach den ersten sechs Monaten am Markt scheitern. Die Menschen werden es bald satt haben, jeden Abend in eine Sperrholzkiste zu starren.
Darryl F. Zanuck (20th Century Fox)

5 In den nächsten fünfzig Jahren wird kein Mensch fliegen.
Wilbur Wright (Flugpionier)

1 Vorhersagen von gestern

a **Welches Bild passt zu welchem Zitat? Ordne zu.**

b **Vermutungen – Lies die Voraussagen. Was denkst du: Welche Jahreszahl passt wo?**

1901 **1903** **1977** **im Zweiten Weltkrieg** **1946**

Nr. 1 war bestimmt in den 30er Jahren.	Nein, das glaube ich nicht.
Ich vermute/glaube/nehme an, dass ...	Stimmt das wirklich? Da hat es doch ...
Wahrscheinlich war Nr. 1 ...	Es ist unwahrscheinlich, dass ...
Es könnte sein, dass ...	Ich frage mich, wann/wie ...

c Voraussagen – Suche Beispiele auf Seite 28. Ergänze das *Denk nach*.

Denk nach

Wenn man über die Zukunft spricht, benutzt man fast immer Präsens mit Zeitangabe: Ich fahre im Mai nach Deutschland.

werden + Infinitiv verwendet man für Voraussagen, Vermutungen und Versprechungen (oft ohne genaue Zeitangabe):

	Position 2		Ende
Das Fernsehen	wird	am Markt	scheitern.
In den nächsten Jahren	...	kein Mensch	....
Ich	werde	dir	helfen.

ich	werde
du	wirst
er/es/sie/man	...
wir	werden
ihr	werdet
sie/Sie	werden

d Vergleicht die Vorhersagen mit eurer Wirklichkeit heute.

Darryl Zanuck hat gesagt, dass das Fernsehen am Markt scheitern wird. Aber ...

e Die Welt und du – Was wird in 10, 20, 30 Jahren sein? Schreib Voraussagen. Vergleicht in der Klasse.

In 10 Jahren werden Autos automatisch fahren.

2 Alternativen

a Sieh dir die Bilder an. Lies das *Denk nach*, hör dann zu. Notiere die Alternativen.

Denk nach

Das eine oder das andere	Keines von beiden	Das eine und das andere
In einem Monat werde ich entweder in Urlaub fahren, oder ich gehe arbeiten.	Ich werde weder in Urlaub fahren noch arbeiten gehen.	Ich werde sowohl arbeiten als auch in Urlaub fahren.

b Schreib vier Aussagen über dich oder über Freunde. Benutze je einmal *entweder ... oder, weder ... noch, sowohl ... als auch* und *nicht nur ..., sondern auch*.

1. Ich werde entweder eine Ausbildung machen oder studieren.

c Spielt zu dritt wie im Beispiel.

Ich kann mich noch nicht entscheiden. In einem Monat fahre ich entweder in Urlaub, oder ich gehe arbeiten.

Ich finde beides blöd! Ich werde weder in Urlaub fahren noch arbeiten gehen.

Und ich, ich werde sowohl arbeiten als auch in Urlaub fahren.

Ich werde entweder in Deutschland oder in den USA studieren.

3 Das Leben in hundert Jahren

a Schau dir die Bilder an. Welches Bild passt zu welchem Titel?

1. Mobiles Einfamilienhaus   2. Kommunikation in 3D   3. Stadt auf dem Meer

Mehr als die Hälfte der Weltbevölkerung lebt heute schon in Städten.

Wie werden die Städte der Zukunft aussehen?

1 In wenigen Jahrzehnten werden vermutlich viele runde Einfamilienhäuser in unseren Städten stehen, die recycelbar sind, Sonnen- und Windenergie nutzen und ihre eigene Energie produzieren. Menschen und Roboter werden zusammenleben und Computer alles steuern. Die Küche wird die Lebensmittel, die fehlen, selbst bestellen und die Hausroboter kochen und putzen. Die Häuser werden einen Durchmesser von fünf bis zwölf Metern haben und man kann sie selbst transportieren. Die Häuser werden vielleicht sogar schwimmfähig sein.

2 Im nächsten Jahrhundert wird man wahrscheinlich nicht mehr nur auf der Erde leben, sondern auch auf dem Wasser und im Weltraum. Es wird eventuell ganze Städte geben, die im Meer schwimmen. Sie werden 4.000 Meter hoch sein, und bis zu 1 Mio. Einwohner haben. Es wird wohl in der weiteren Zukunft auch Städte auf dem Mond, dem Mars oder einem anderen Planeten geben. Die technologischen Grundlagen für diese Entwicklung sind heute schon denkbar. Es fragt sich nur, wer dort wirklich auf Dauer leben will.

3 Das Smartphone und die Webcam wird man in wenigen Jahrzehnten nicht mehr brauchen. Stattdessen werden wir mit Holophon-Chips kommunizieren, die in unseren Köpfen eingebaut sind. Sie zeigen den Gesprächspartner als 3-D-Bild. Man wird die Bilder vom Original kaum unterscheiden können. Virtuelles und reales Leben wird eine Einheit bilden. Schon heute beschäftigen sich Psychologen und Philosophen mit der Frage, wie diese technologischen Möglichkeiten unser Zusammenleben verändern. Wer wird z.B. Zugang zu diesen Technologienhaben und wer nicht?

b Lies den Text und ordne die Bilder und die Titel aus 3a den Textabschnitten zu.

c Steht das im Text? Lies und entscheide.

1. Es wird umweltfreundliche, runde Häuser geben.
2. Es wird neue Arten von Städten geben.
3. Die Roboter kontrollieren die Menschen.
4. Man wird nicht mehr nur auf der Erde leben.
5. Alle Menschen werden glücklich sein.
6. Man kann virtuelle Welten und Wirklichkeit kaum unterscheiden.

d Was meinst du: Was wird es geben, was wird es nicht geben?

Ich glaube nicht, dass es in 100 Jahren … gibt.

Ⓡ Seite 129: Vermutungen

4 Leben in der Stadt heute

a Sieh dir die Fotos an und hör zu. Die Schüler sammeln Ideen zum Thema „Stadt".

b Notiert zuerst allein, was ihr behalten habt. Sammelt danach gemeinsam die Ideen in einem Assoziogramm.

gute Verkehrsverbindungen —— Stadt —— ein tolles Kulturangebot

c Ergänzt das Assoziogramm mit euren Ideen.

d Macht ein Brainstorming zum Thema „Unsere Stadt soll besser werden".

Regeln für ein Brainstorming

1. Bildet Gruppen. Jede Gruppe sitzt im Kreis.
2. Jede/r darf immer nur ein Wort / einen Ausdruck sagen. Eine Person in der Gruppe notiert alles.
3. Die anderen dürfen die Wörter nicht kommentieren! („Das passt doch gar nicht …")
4. Ihr dürft nicht gleichzeitig sprechen.

e Bereitet eine Podiumsdiskussion in vier Gruppen vor. Es gibt vier Rollen:

(1) die Bürgerinitiative Umweltschutz	(2) die Bürgerinitiative Kultur	(3) ein/e Politiker/in	(4) ein/e Vertreter/in der Wirtschaft

Sammelt zuerst in Gruppen Themen und Argumente. Wählt dann den/die Vertreter/in für das Podium. Nach fünf Minuten Podiumsdiskussion stellt auch das Publikum Fragen.

Ⓡ Seite 130 Diskussionen

So wird unsere Stadt, unsere Region im Jahr 2060 sein. Sucht Fotos oder zeichnet. Schreibt kleine Texte. Macht eine Präsentation.

6 Wohnen

Das lernst du

- Den eigenen Lieblingsort beschreiben
- Über Sprichwörter zum Thema „Ordnung" sprechen
- Einen Leserbrief zum Thema „Aufräumen" schreiben

1 Lieblingsorte

a Du hörst Geräusche von fünf Lieblingsorten. Wo ist was?

b Familie Butzke erzählt. Hör die vier Aussagen und mach eine Tabelle.

Wer?	*Wo?*	*Wann? / Wie oft?*	*Was machen sie?*
Vera			

c Was sind die Lieblingsorte von dir, deinen Eltern, Geschwistern, Freunden? Sprecht in der Klasse.

2 Das ist der Ort, wo ich allein sein kann.

a Lies nun Veras Text und ergänze das *Denk nach*.

Ich bin Vera Butzke und mein Lieblingsort ist die Hängematte, die zwischen zwei Bäumen in unserem Garten hängt. Dort ist es wunderbar. Immer wenn ich Zeit habe, lege ich mich in die Hängematte und träume. Das ist der Ort, wo ich allein sein kann. Keiner stört mich. Keiner darf mich stören. Nur Schnuffi darf das. Die anderen können machen, was sie wollen, ich höre sie gar nicht. Ich mache, was ich will. Ich träume dann, dass ich als Wissenschaftlerin eine große Entdeckung mache und ganz berühmt bin. Die Journalisten wollen mich interviewen, aber ich habe keine Zeit für sie. Sie müssen warten, weil ich wichtigere Termine habe. Oder ich fantasiere, dass ich hier im Garten mit meinen Kindern spiele. Ich liebe diesen Platz, wo ich ganz für mich sein kann.

Denk nach

was, wo, wie

Das ist der Ort,	wo (= an dem) ich allein sein kann.
Die anderen können machen,	was sie wollen.
Ich lebe hier so,	wie ich will.
Ich liebe diesen Platz,	… ich ganz für mich sein kann.
Hier kann ich tun,	… mir Spaß macht.

b Was passt zusammen? Es gibt mehrere Möglichkeiten.

1. In meinem Zimmer kann ich alles machen,
2. Mein Zimmer möchte ich so einrichten,
3. Mein Zimmer ist der Ort,
4. Ich habe keinen Platz,
5. Ich weiß nicht,

a) wo ich meine Freunde treffen kann.
b) wie ich will.
c) wo ich mich wohlfühle.
d) was ich in meinem Zimmer ändern will.
e) wo ich mich am besten entspannen kann.
f) was ich will.

c Ergänze die Sätze für dich.

1. Mein Zimmer ist der Ort, …
2. Ich mache, …
3. Ich habe einen/keinen Platz, …
4. Ich möchte mal an einem Ort leben, …

Meine Hütte ist der Ort, wo ich machen kann, was ich will.

d Beschreib einen Lieblingsort in vier Sätzen. Sammelt die Blätter ein und mischt sie. Lest vor und ratet: Wer hat was geschrieben?

Am liebsten …
… ist der Ort, wo …
Wichtig ist für mich, dass …
Ich mag gerne, wenn …
An meinem Lieblingsort kann ich … / muss ich nicht …

3 Zimmer aufräumen

a Sprichwörter – Ordne zu. Hör zur Kontrolle.

1. Ordnung ist
2. In einem aufgeräumten Zimmer
3. Ordnung ist das halbe Leben,
4. Nur kleine Geister halten Ordnung,

a) ich lebe in der anderen Hälfte.
b) ist auch die Seele aufgeräumt.
c) Genies überblicken das Chaos.
d) das halbe Leben.

b Welcher Spruch gefällt dir am besten? Warum?

c Welche Sprüche zum Thema „Ordnung" kennst du? Kannst du einen auf Deutsch erklären oder übersetzen?

d Lies die Beiträge in einem Internetforum. Was meinen sie zum Thema „Aufräumen"?

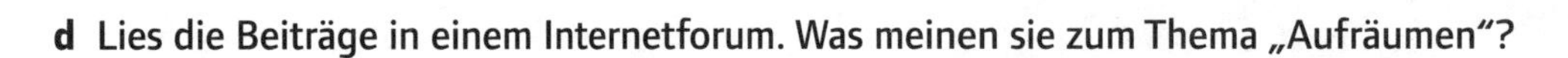

Thema „Aufräumen": Vergnügen oder einfach nur lästig?

Wenn ich schlecht gelaunt bin, dann räume ich am liebsten mein Zimmer auf. Ich mache meine Tür zu, weil mich keiner stören soll. Dann mache ich die Musik ganz laut und fange an aufzuräumen. Es tut mir richtig gut, alles wieder schön zu machen. Meistens bin ich danach auch wieder gut gelaunt. (Jasmin, 15)

Ich habe meistens keine Lust, mein Zimmer aufzuräumen. Meine Mutter versucht immer, mich zum Aufräumen zu bringen. Das nervt! Aber wenn ich mal aufgeräumt habe, dann fühle ich mich gut. Es macht mir wieder Spaß, in meinem Zimmer zu sein, zu lesen und Freunde einzuladen. (Finn, 16)

e Lies die Leserbriefe noch einmal und ergänze das *Denk nach*.

> **Denk nach**
>
> Infinitiv mit *zu*
>
> | | |
> |---|---|
> | Ich habe (keine) Lust, mein Zimmer aufzuräumen. | (*auf*räumen) |
> | Es tut mir gut, alles wieder schön … | (machen) |
> | Es macht mir wieder Spaß, … | (sein, lesen, *ein*laden) |
> | Dann fange ich wieder an, mich … | (*wohl*fühlen) |

f Wähle ein Element aus A und B und schreib Sätze über dich wie im *Denk nach*.

A	B
1. Es macht mir (keinen) Spaß, …	Skateboard/… fahren
2. Es ist cool/langweilig, …	Sport/Musik/… machen
3. Es macht mir (keine) Freude, …	Ordnung machen
4. Ich habe (keine) Lust, …	Deutsch/… lernen
5. Ich finde es interessanter, …	wegfahren
6. Ich finde es (nicht) schön, …	sauber machen
7. Ich finde es schwer/leicht, …	faul sein
8. Ich möchte lieber versuchen, …	…

Ich habe keine Lust, in der Küche zu helfen. Es macht mir viel mehr Spaß, …

g Rollenspiel: „Gute Eltern zwingen ihre Kinder, ihr Zimmer aufzuräumen, weil Ordnung im Leben wichtig ist." Bildet Gruppen für Pro und Kontra. Sammelt Argumente und diskutiert in der Klasse.

R Seite 130: Diskussionen

4 Meinungen

a Lest die Leserbriefe A oder B und berichtet einander, was ihr gelesen habt. Könnt ihr danach wiedergeben, was ihr gelesen habt?

Elsa hat keine Lust, ihr Zimmer …

A Lust? Nein, wirklich nicht, ich hasse es, aufzuräumen, aber ich muss. Jede Woche muss ich mein Zimmer aufräumen, Papierkorb ausleeren und sauber machen. Nein, es macht mir wirklich keinen Spaß, meine Zeit mit Aufräumen zu verbringen. Oft räumt meine Mutter für mich auf. (Elsa, 15 Jahre)

B Ordnung ist total wichtig für mich. Mir macht es Spaß, alles so zu ordnen, wie es mir gefällt. Ich mag es gar nicht, wenn mein kleiner Bruder etwas durcheinanderbringt. Ich nehme mir immer die Zeit, meine Sachen in Ordnung zu bringen, und passe auf, dass keiner meine Ordnung kaputt macht. (Max, 16 Jahre)

b Lies dir die Äußerungen aus 3d und 4a noch einmal. Schreib dann einen Blog-Text. Bearbeite in deinem Beitrag diese drei Punkte ausführlich:
– Gib die Meinungen wieder, die du gelesen hast.
– Ist dein Zimmer immer ordentlich oder nicht? Wie findest du das? Erzähle.
– Wie ist deine Meinung zum Thema? Begründe sie.

Ⓡ Seite 130: Meinungen wiedergeben, Meinungen äußern

5 Wohnungen

a Schau dir die Fotos an. Wo würdest du gerne wohnen, wo nicht? Warum?

b Interview mit Ronja. Hör zu. Wo hat sie schon gewohnt? Wo wohnt sie jetzt?

c Hör noch einmal. Was ist richtig? Notiere a, b oder c.

1. Das Haus von ihren Großeltern
   a besucht sie noch heute gern.
   b ist ihr zu klein und zu alt.
   c hatte einen großen Balkon.

2. Am Amazonas hat sie
   a in einem Haus im Baum gewohnt.
   b in einem Haus mit Schwimmbad gewohnt.
   c in einem Haus aus Holz gewohnt.

3. Die Wohnung in Lima
   a hat ihr gefallen.
   b war zu weit weg von den Freundinnen.
   c hatte viele Tiere in der Nähe.

4. Heute wohnt Ronja
   a mit ihren Eltern in Leipzig.
   b mit anderen Leuten zusammen.
   c wieder bei ihren Großeltern.

d Dein Traumhaus oder deine Traumwohnung – Zeichne und beschreibe.

Es ist mein Traum …

Für mich ist es wichtig …

Es wäre schön …

Ich würde gerne …

7 Essen

Das lernst du

- Essen bestellen und bezahlen
- Sich beschweren
- Einen Restaurantbesuch kommentieren

1 Gutes Essen

a Was seht ihr? Was machen die Leute? Wie ist die Stimmung? Sammelt Wörter zum Foto.

b Hör die Dialoge und ordne 1–4 und a–d zu.

1. Guten Appetit!
2. Lara, kannst du mir bitte das Salz geben?
3. Lasst uns anstoßen: Auf das Geburtstagskind! Auf dein Wohl, lieber Luis!
4. Mhm, die Soße ist lecker!

a) Ja, sie passt sehr gut zum Hühnchen .
b) Alles Gute! … Prost! … Auf dein Wohl!
c) Gerne. Hier bitte.
d) Danke, gleichfalls.

2 Im Bistro

a Lies die Speisekarte. Was kennst du? Was würdest du gern essen?

Jedes **Sandwich** nach Wahl mit Kräuter-, Knoblauch- oder Joghurtsoße.

Sandwich mit Schinken 5,60 €
Schinken, Tomaten, Gurken, Käse, Feldsalat

Sandwich vegetarisch 5,60 €
Blattspinat, Champignons, Käse, Eisbergsalat

Sandwich Thunfisch 5,80 €
Thunfisch, Zwiebeln, Peperoni, Fetakäse

Gemischter Salat 4,90 €
Gemischte Blattsalate, Cherry-Tomaten, Gurken, Mais, Käse, Ei, Dressing, Baguette

Parma-Salat 6,50 €
Kopfsalat, Tomaten, Pinienkerne, Schafskäse, Parmaschinken, Vinaigrette, Baguette

Kalte Getränke
Mineralwasser (0,3 l) 1,80 €
Apfelschorle, Cola, Fanta (0,3l) 1,90 €

b Timo und Clara wollen im Restaurant etwas essen. Hör zu und beantworte die Fragen.

Dialog 1: Was bestellen sie?
Dialog 2: Wie schmeckt das Essen?
Dialog 3: Warum beschwert sich Timo?
Dialog 4: Wie viel bezahlen sie für das Essen?

c Was sagt man wann? Lies die Äußerungen. Mach eine Tabelle.

Ich habe … bestellt, aber das ist …
Wir möchten bitte bestellen.
Zusammen oder getrennt?
Das macht …€.
Und was möchten Sie trinken?
Oh, das tut mir leid. Ich bringe Ihnen sofort eine andere Soße.
Stimmt so.
Das schmeckt lecker.
Wir möchten bitte zahlen.
Die Rechnung bitte.
Ich nehme einen/eine/ein …
Entschuldigung. … ist nicht frisch.
Zahlen, bitte.
Verzeihung, ich bringe einen neuen.
Schmeckt's dir?
Ich hätte gern einen/eine/ein....
Hat es Ihnen geschmeckt?
… ist einfach lecker.
Das ist zu kalt/salzig/scharf.

bestellen	über das Essen sprechen	sich beschweren	sich entschuldigen	bezahlen
			Oh, das tut mir leid …	

3 Stress im Bistro

a Hör die drei Dialoge. Was ist jeweils das Problem?

b Schreibt zu zweit ähnliche Dialoge und spielt sie vor.

c Gästebuch – Schreibt einen Kommentar über euren Besuch im Bistro oder über einen anderen Restaurantbesuch.

Der Service war …
Das Essen hat uns … geschmeckt.
Die Vorspeise …
Das Hauptgericht …
Auch die Preise …
Deshalb dieses Mal (nur) … Stern/Sterne.

Wie viele Sterne geben Sie? Klicken Sie hier:

★ **Enttäuschung** ☹ – 15. Mai 2018

Wir haben das Lokal schon einmal bewertet: mit viel Lob. Vor ein paar Tagen waren wir wieder dort. Aber MEHR

Hilfreich? Ja Nein
25 Gourmets fanden diesen Kommentar hilfreich

4 Eine kurze Geschichte des Essens

a Sieh dir die Zeichnungen an und beschreibe, was du siehst.
b Lies den Text und ordne die Zeichnungen den Absätzen 1–4 zu.

1 Die frühen Menschen waren Jäger und Sammler. Sie sammelten Eier, Früchte, Insekten, Kräuter und Samen und jagten wilde Tiere. Sie waren den ganzen Tag mit der Jagd und dem Sammeln beschäftigt und aßen die Nahrungsmittel nicht gekocht.

2 Als die Menschen dann vor über einer Million Jahren Werkzeuge entwickelten und das Feuer entdeckten, begann die Geschichte der Kochkunst. Die Menschen, wurden sesshaft. Sie entwickelten den Ackerbau, begannen, Tiere und Getreide zu züchten und legten Gärten an. Die Nahrung wurde immer vielfältiger und die Menschen brauchten nicht mehr so viel Zeit für die tägliche Ernährung. Vor ca. 25 000 Jahren entwickelten sie dann die ersten Erdöfen für die Zubereitung ihrer Speisen. Sie lernten Suppen zu kochen, Brot zu backen und sie erfanden die Nudeln.

3 Schon vor über 2 000 Jahren gab es viele Handelskontakte zwischen den Ländern und den Kontinenten. Händler und Seefahrer brachten wertvolle Gewürze wie Pfeffer und Zimt von Asien nach Europa. Am Ende des 15. Jahrhunderts kamen die Kartoffel, die Paprika, der Mais und die Tomate aus Südamerika nach Europa und in die ganze Welt. Der Reis wanderte von Asien um den Globus und der Maniok kam von Afrika nach Südamerika. Obwohl sehr viele Nahrungsmittel auf der ganzen Welt verbreitet waren, hatten die meisten Menschen nur sehr wenige und einfache Nahrungsmittel in ihrem täglichen Essen. Der Unterschied zwischen der Ernährung der einfachen Menschen und dem Essen der Reichen und Mächtigen war immer riesengroß. In China oder Europa z. B. arbeiteten tausende Menschen für die kaiserlichen und königlichen Küchen. Sie verarbeiteten unzählige Lebensmittel und bereiteten sie auf immer interessantere Weise zu. Für die Armen blieb der Hunger immer eine große Gefahr.

4 Heute kümmern sich die meisten Menschen in den reichen Ländern nicht mehr um die tägliche Nahrung. Sie sammeln und jagen nicht, sie arbeiten nicht auf dem Feld oder in der Tierzucht und sie kochen auch nicht. Wir müssen uns für unser Essen nicht mehr anstrengen. Im Gegensatz zu unseren Vorfahren, die den ganzen Tag für ihr Essen gearbeitet haben, können wir heute an jeder Straßenecke Essen kaufen. Das Problem in vielen reichen Ländern ist nicht mehr der Hunger, sondern die schlechte Ernährung und die Krankheiten, die aus der falschen Ernährung entstehen.

c Wie stehen 1–12 im Text auf Seite 38. Ordne 1–12 den grünen Wörtern aus dem Text zu.

1. um die Welt
2. etwas, was teuer ist
3. an einem Ort leben
4. etwas ganz Neues entwickeln
5. alles, was man essen kann (3 Wörter)
6. Nahrungsmittel verarbeiten, kochen
7. das Gegenteil von arm
8. die Menschen, die früher vor uns gelebt haben
9. es gibt sehr viele verschiedene Sorten
10. Menschen, die Dinge kaufen und verkaufen
11. sehr, sehr groß
12. wilde Tiere töten

d Was machen die Leute? Schreib zu jeder Zeichnung 2–3 Sätze mit den Wörtern aus c.

Eine Geschichte erzählen

a Notiere die Verbformen aus dem Text und ergänze den Infinitiv.

Verben im Präteritum
sammelten (sammeln) aßen (essen)

b Ergänze das *Denk nach*.

Denk nach

	regelmäßig	unregelmäßig
ich	kochte	kam
du	kochtest	kamst
er/es/sie/man	…	…
wir	kochten	kamen
ihr	kochtet	kamt
sie/Sie	…	…

Andere Form, aber regelmäßige Endung:
brachte, dachte, kannte, wusste …

Das Präteritum findet man meistens in schriftlichen Texten (Berichte, Erzählungen).

Einige Verben benutzt man auch beim Sprechen:
- sein, haben, Modalverben
- ich dachte, ich wusste, ich fand … gut, es ging, es gab

Liste der unregelmäßigen Verben: Seite 124–125.

c Erfinde eine Geschichte des Essens zu den Zeichnungen.

5000 v. Chr.

grillen, essen, trinken

1900

kochen, braten, backen

2000

bestellen, kaufen, essen, wegwerfen

d Markiere in deiner Geschichte die Wörter, die du betonen möchtest. Lies die Geschichte mehrmals leise murmelnd. Lies sie dann mit schöner Betonung laut vor.

Projekt

Wählt A oder B.

A Kochkunst in eurem Land: Was könnt ihr Gästen darüber erzählen (Lebensmittel, Gerichte, Geschichte, Besonderheiten …)?

B Stell ein Gericht aus den deutschsprachigen Ländern vor.

8

Gesund und fit

Das lernst du

- Gesundheitsprobleme beschreiben
- Ein Gespräch mit dem Arzt führen (Sprachmittlung)
- Ratschläge formulieren
- Die eigene Meinung zum Thema „Fitness" schreiben

1 Im Wartezimmer

a Schau dir das Bild an und hör zu. Zu wem (A–I) passen die Dialoge?

b Lies die Sätze 1–12 und hör noch einmal. Zu wem passt welcher Satz? Manchmal passen mehrere Sätze zu einer Person.

1. Er hat sich verletzt.
2. Sein Finger blutet.
3. Sie hat sich erkältet. Sie hat einen starken Schnupfen.
4. Sie hat Kopfschmerzen.
5. Das Mädchen friert. Ihr ist kalt.
6. Sie hat keinen Appetit.
7. Ihm ist schlecht und schwindelig.
8. Er hat Halsschmerzen.
9. Sie hat furchtbare Schmerzen. Der Bauch tut ihr weh.
10. Das Kind hat Fieber.
11. Der alten Frau ist schwindelig.
12. Er ist blass.

Denk nach

Ausdrücke mit Dativ

Es ist ihr kalt/heiß …
Ihr ist kalt/heiß …

Der Hals/Bauch tut ihm weh.
Ihm tut der Hals/Bauch weh.

2 Guter Rat ist teuer.

a Spielt Pantomime. Was für ein Problem hat der Patient / die Patientin?

Denk nach	
ich/er/es/sie/man	sollte
du	solltest
wir/sie/Sie	sollten
ihr	solltet

b Was würdest du in der Situation raten? Macht Minidialoge mit den Problemen aus a.

Dann solltest du eine Pille nehmen.
Vielleicht solltest du weniger fernsehen.
Du solltest unbedingt zum Arzt gehen.
Oder du solltest weniger denken.

3 Mein Freund kann kein Deutsch.

a Hör das Gespräch. Welche Probleme hat Lasse? Was rät der Arzt?

b Lest den Dialog. Die Sätze in Grau sind in der Muttersprache von Lasse und Aki. Vergleicht, was der Arzt sagt, mit dem, was Aki seinem Freund in seiner Muttersprache sagt.

■ Guten Tag, was fehlt Ihnen denn?
● Guten Tag, mein Freund ist krank, aber er kann kein Deutsch. Er fühlt sich schlecht. Er hat Husten und seine Nase, wie heißt das auf Deutsch? Da kommt Wasser raus …
■ Er hat Schnupfen. Hat er auch Kopfschmerzen?
● Hast du Kopfschmerzen?
▲ Ja, und beim Sprechen tut der Hals auch weh.
● Ja, er hat Kopfschmerzen und Halsschmerzen.
■ Seit wann hat er die Schmerzen?
● Wann hat das angefangen?
▲ Heute Morgen war es schon schlimm. Ich habe Fieber gemessen, ich habe 38,9 Grad.
● Seit heute Morgen. Er sagt auch, dass er Fieber hat, fast 39 Grad.
■ Er hat Grippe. Ich schreibe ihm ein Rezept.
● Du hast Grippe und bekommst ein Rezept.
▲ Wie oft muss ich die Medizin nehmen?
● Mein Freund fragt, wie oft er die Medizin nehmen muss.
■ Dreimal täglich. Er soll die Tabletten nach dem Essen nehmen, damit er keine Magenschmerzen bekommt. Er sollte auch viel trinken.
● Das erkläre ich dir später.
▲ Okay. Soll ich in die Schule gehen?
● Er fragt, ob er in die Schule gehen kann.
■ Auf keinen Fall! Er sollte sich lieber ins Bett legen, damit er bald wieder gesund wird.
● Du hast Glück, du musst nicht in die Schule gehen.

4 Wozu macht man das?

a **Nebensätze mit *damit* – Lies den Dialog noch einmal und ergänze das *Denk nach*.**

b **Etwas tun, damit man wieder gesund wird. Ordne zu und bilde Sätze mit *damit*.**

Denk nach

Lasse soll die Tabletten nach dem Essen nehmen, damit er keine Magenschmerzen bekommt.
Er soll sich ins Bett legen, damit er bald …

Der Arzt verschreibt Nasentropfen / Halstabletten / Tabletten gegen Fieber.	Man kann frei atmen.
Der Arzt sagt, dass man nicht am Computer spielen soll.	Man hat weniger Halsschmerzen.
Der Arzt sagt, dass man ruhen soll.	Das Fieber sinkt.
	Man wird schneller gesund.
	Man bekommt weniger Kopfschmerzen.

Der Arzt verschreibt Nasentropfen, damit man frei atmen kann.

c **Welchen Satz findest du besonders wichtig / nicht so wichtig?**

5 Gespräche beim Arzt spielen

Arbeitet zu dritt. Zwei Freunde/Freundinnen sind zusammen in Deutschland. Eine Person ist krank und muss zum Arzt gehen. Aber sie kann kein Deutsch. Der/Die andere hilft. Schreibt und spielt einen Dialog beim Arzt.

	Patient/in 1	Patient/in 2
Termin	nur am Nachmittag	heute: dringend
Probleme	Kopfschmerzen, kein Appetit, keine Kraft …	Fieber, starke Magenschmerzen
Krankheit	Stress	Magen-Darm-Grippe
Rezept	Vitamine	Tabletten, Kräutertee
Rat	Vitamine dreimal täglich, sich ausruhen, spazieren gehen, viel schlafen, nicht lernen, keinen Sport machen	Tabletten zweimal täglich nehmen, im Bett liegen, viel trinken

6 Medikamente

a **Lies den Beipackzettel und beantworte die Fragen.**

1. Wann und wie oft soll der Patient die Tabletten einnehmen?
2. Wogegen sollte man das Medikament einnehmen?
3. Was darf man nicht tun, wenn man das Medikament einnimmt?

b **Bringt einen Beipackzettel in eurer Sprache. Arbeitet zu zweit und erklärt euch gegenseitig auf Deutsch die Informationen zu den Fragen 1–3 in a.**

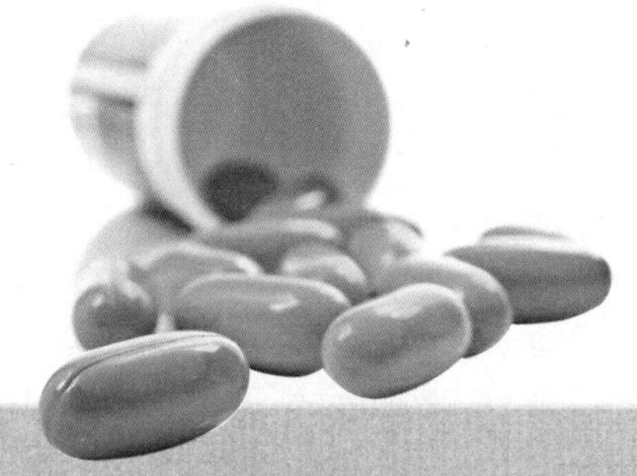

Zitronex
Bei Erkältung und Grippe
Gegen Kopfschmerzen, Schnupfen, Husten, Halsschmerzen
Wie verwenden Sie Zitronex?
Tabletten in einem Glas Wasser auflösen und möglichst heiß trinken.
Am besten nach dem Essen. Nach 5 Stunden wiederholen.
Nicht mehr als 4 Tabletten am Tag einnehmen.
Was muss man beachten?
Keinen Alkohol trinken, nicht rauchen, Autofahren vermeiden.
Zitronex möglichst früh bei Beginn der Erkrankung einnehmen.
Wenn Sie allergisch gegen die Bestandteile von Zitronex sind, dürfen Sie das Medikament nicht verwenden.
Informieren Sie bitte Ihren Arzt oder Apotheker, wenn Sie Nebenwirkungen bemerken, die hier nicht beschrieben sind.

7 Fit bleiben

a Lies den Infotext. Welche Fragen kann man auf einem Gesundheitstag stellen? Schreib Fragen.

Viele Schulen in Deutschland machen einmal pro Jahr einen Gesundheitstag. An diesem Tag ist kein normaler Unterricht, sondern die Schülerinnen und Schüler können in vielen Arbeitsgruppen etwas über gesundes Leben lernen. Sie bekommen Informationen über gesunde Ernährung, über Bewegung, Sport und Entspannungsübungen für Körper und Gehirn. Manchmal kommen Experten, wie zum Beispiel Ärzte, Ernährungsberater oder Fitnesstrainer in die Schule, manchmal machen ältere Schüler die Arbeitsgruppen und erklären den jüngeren Schülern, was für die Gesundheit wichtig ist.

INFOTAG FIT + GESUND

GERTRUD-BÄUMER SCHULE
Am 30. Juni von 8 bis 13 Uhr

Warum sollte man joggen gehen?
Wozu sollte man Treppen laufen?

b Fragt und antwortet in der Klasse. Macht Notizen zu den Meinungen der anderen.

Wozu soll man Treppen laufen?

Damit man seine Kondition verbessert.

Ich finde Treppen laufen nicht so wichtig. Ich finde wichtig, dass man …, damit …

c Die eigene Meinung schreiben – Wähle drei Meinungen von deinen Mitschülern aus 7b aus, gib sie wieder und schreib deine Meinung zum Thema „Fit bleiben".

Das Thema „Fit bleiben" ist für uns alle wichtig. Viele Menschen arbeiten am Computer. Sie sitzen den ganzen Tag im Büro oder in der Schule und denken nicht an ihre Gesundheit. Ich finde, dass ein gesundes Leben wichtig ist. Wir haben in der Klasse Ideen gesammelt, was man tun kann, damit man fit bleibt. Khalid ist der Meinung, dass ... Im Gegensatz dazu ...

Das Thema „Fit bleiben" finde ich nicht so wichtig. Meiner Meinung nach redet man viel zu viel darüber. Wir haben in der Klasse viele Ideen gesammelt. Kira ist eine große Sportlerin, die findet, dass ...

Einleitung
Das Thema … ist …
Das Thema … finde ich …

Meinungen wiedergeben
Khalid ist der Meinung, dass …
Kira ist eine große Sportlerin, die findet, dass …
Im Gegensatz dazu meint …, dass …

Die eigene Meinung schreiben
Meiner Meinung nach …
Ich denke (nicht), dass …
Ich möchte dafür ein Beispiel anführen: …
Abschließend möchte ich sagen, dass …

Seite 130: Meinungen wiedergeben, Meinungen äußern

1 Sprechen – Eine Präsentation vorbereiten

a Lies den Tipp.

Tipp

- Zuerst kommt der Inhalt, dann die Form! Das bedeutet:
  Zuerst musst du wissen, was du inhaltlich sagen willst, dann schreibst du deine Präsentation und zum Schluss machst du die Folien für die Präsentation.
- Präsentieren heißt nicht vorlesen. Das bedeutet: Zuerst schreibst du den Vortrag, dann machst du deine Folien und dann notierst du Stichworte zu jeder Folie. Zum Schluss übst du den freien Vortrag.
- Du willst deine Zuhörer für dein Thema interessieren. Das bedeutet:
  Deine Präsentation soll
  1. inhaltlich interessant sein,
  2. gut strukturiert sein: Einleitung, Hauptteil, Schluss,
  3. schöne, klare, leicht lesbare Folien haben, und
  4. sie soll gut und lebendig vorgetragen werden.

b Arbeitet zu dritt. Ordnet die Schritte in eine Reihenfolge, die euch sinnvoll erscheint.

Bilder und/oder Grafiken suchen
den Text korrigieren
die Aussprache von wichtigen Wörtern üben
den Text schreiben
den Vortrag mit den Folien üben
ein Thema finden
eine Gliederung machen
Folien machen
Informationen ordnen
Informationen sammeln
Stichworte aus dem Text nehmen

Hören – Interview

Tipp

- Wenn du etwas nicht verstehst, bleibe ruhig. Auch in deiner Sprache verstehst du manchmal ein Wort nicht (z. B. weil jemand sehr leise spricht) und du verstehst trotzdem den Sinn von der Aussage.
- Lies zuerst die Aufgaben 1–5 ganz genau und markiere die Schlüsselinformationen.
- Markiere beim ersten Hören die Lösung. Wenn du nicht sicher bist, mach ein Fragezeichen.
- Beim zweiten Hören kontrollierst du deine Antworten. Konzentriere dich besonders auf die Aufgaben mit deinen Fragezeichen.

! Auch wenn du unsicher bist: Ordne jeder Aufgabe ein „richtig“ oder „falsch“ zu.

Tanja Krüger ist 17 Jahre alt und geht in die 11. Klasse. Du hörst ein Interview mit Tanja über ihre Freizeitaktivitäten. Lies zuerst die Sätze 1–5. Du hast dafür eine Minute Zeit.

Hör nun das Interview. Löse die Aufgaben beim Hören. Entscheide bei jeder Aufgabe (1–5): richtig oder falsch. Hör danach das Interview noch einmal.

1. Tanja hat jeden Tag bis 17 Uhr Unterricht.
2. Tanja spielt Volleyball.
3. Zur Disko muss Tanja ein bisschen fahren.
4. Tanja möchte gerne in einer Großstadt wohnen.
5. Tanja möchte gerne in den Bergen Mountainbike und Ski fahren.

Lesen – Anzeigen

Tipp

- Bei dieser Aufgabe suchst du nach Schlüsselinformationen in den Anzeigen.
- In den Anzeigen kommen Wörter vor, die du nicht kennst. Lass dich davon nicht einschüchtern!
- Lies immer eine Aufgabe **genau** und suche die passende Anzeige.

! Oft haben mehrere Anzeigen ähnliche Informationen. Vergleiche **genau** mit der Aufgabe.

Lies zuerst die Aufgaben 1–5 und such dann in den Anzeigen A–H:
Welche Anzeige passt zu welcher Situation?
Für eine Aufgabe gibt es keine Lösung. Notiere in diesem Fall ein X.

1. Sabrina möchte in den Sommerferien ihre Sprachkenntnisse verbessern und Urlaub machen.
2. Karl surft gern im Internet. Er möchte mit seinen Computerkenntnissen etwas Geld verdienen.
3. Tarek ist 15. Er probiert gerne Neues aus und beschäftigt sich gerne mit technischen Problemen.
4. Annalena möchte nach dem Abitur ein Jahr nach Japan gehen.
5. Christian möchte nach der 10. Klasse die Schule beenden und sucht einen Ausbildungsplatz. Er ist sehr kommunikativ, macht aber nicht so gerne Mathe.

A

Aushilfe für den Sommer gesucht. **Tagescafé** in Hofheim. Arbeitszeiten: vormittags und mittags. Gerne auch Schüler oder Studenten.
Tel. 0162 2090503

B

Spaß auf den Pisten
Skiparadies Höllenthal

Wir garantieren Schnee pur!
Ausgefallene Skitage werden erstattet.
Bis zu 15 % Frühbucherrabatt bis zum 31.8.!

C

Sprachreisen

Die perfekte Verbindung von Sprachenlernen und Urlaub. Praxisnah im Alltag lernen, im Team mit anderen Jugendlichen Spaß haben und viele neue Erfahrungen machen.

Alle Sprachurlaubsziele auf einen Blick im Katalog.

D

Wir sind Deutschlands führender
REISEVERANSTALTER FÜR JUGENDREISEN
Wir suchen Auszubildende für den Bereich Kaufmann/-frau für Marketingkommunikation.
Sie sind offen, motiviert, serviceorientiert und haben Spaß an der Arbeit mit Jugendlichen?
Dann schicken Sie uns Ihre Bewerbung!

E

Samstag, den 10. Mai
Technologiezentrum am Europaplatz

away Auslandsmesse für Schüler, Abiturienten, Auszubildende und Studenten.

Die **away** richtet sich an junge Menschen, die sich für einen Bildungsaufenthalt im Ausland interessieren. Der Eintritt ist frei. Geöffnet ist die Messe von 10–16 Uhr.

F

Entdecke neue Welten
Unter diesem Motto startet die Aktion **„Jugend forscht"** in die neue Wettbewerbsrunde. Ab sofort können sich Jugendliche mit Interesse an Naturwissenschaften, Mathematik und Technik wieder für Deutschlands bekanntesten Nachwuchswettbewerb anmelden. Junge Menschen bis 21 Jahre können teilnehmen. Anmeldeschluss: 30. 11.

G

Probleme mit Mathe, Deutsch oder mit Fremdsprachen?
Trainingsschule
bietet das ganze Jahr über Unterricht in Kleingruppen an. Systematische Wiederholung und Prüfungsvorbereitung mit engagierten Lehrern. Termine nach Vereinbarung.
Kontakt und Beratung:
030 68831748

H

Die **tech-Lösungen GmbH** bietet einen Ausbildungsplatz als technische/r Zeichner/in.
Sie haben Interesse an IT-Technologien, bringen Kommunikations- und Teamfähigkeit mit und können gut analytisch denken. Gute Mathematikkenntnisse sind Voraussetzung.
Bewerbungen nur im Internet.

4 Texte lesen: den Aufbau erkennen

a Die Überschrift hilft. Lies nur die Überschrift. Was denkst du, was kommt im Text vor? Notiere Stichworte.

Fleischesser, Vegetarier und Veganer

b Absätze geben eine Struktur.
Jeder Absatz enthält Informationen zu einem Teilthema.
Lies den Text und ordne die Überschriften den Absätzen im Text zu.

Das meinen andere — Essen in der Schulkantine — Die Fragestellung — Meine Meinung — Probleme auf Klassenfahrt — Situation in meiner Klasse

Fleischesser, Vegetarier und Veganer

A Soll man Fleisch essen oder ist ein vegetarisches oder sogar veganes Essen vorzuziehen? Das ist eine Frage, die heutzutage viel diskutiert wird. Ich möchte zunächst die Meinungen von vier Schülern und Schülerinnen zusammenfassen. (5)

B Mara isst, was sie gerne mag und kann nicht verstehen, warum jemand unbedingt Fleisch essen möchte oder auf keinen Fall Fleisch essen möchte. Das ist ihr zu extrem. Melize dagegen ist eine große Tierfreundin. (10) Sie denkt, dass es nicht gut ist, Fleisch zu essen, weil man für ein Steak oder ein Schnitzel ein Tier töten muss. Das kann Navid überhaupt nicht verstehen. Er denkt, dass es normal ist, dass man Tiere tötet und das Fleisch isst. (15) Paul vertritt die extremste Position: Er findet es ebenso wie Melize falsch, dass man Tiere tötet, um sie zu essen. Aber er geht noch weiter. Er findet es nämlich auch falsch, dass man die Milch von Kühen trinkt, Eier von Hühnern isst (20) oder die Wolle von Schafen für Pullover verwendet. Er ist Veganer und möchte Tieren überhaupt nichts wegnehmen.

C Wir haben in meiner Klasse auch Vegetarier, Fleischesser und sogar eine Veganerin. Das ist nicht ganz einfach. (25) Zum Beispiel gibt es Probleme in der Schulkantine und bei Klassenfahrten.

D Unsere Schulkantine bietet dreimal pro Woche zwei Essen an: ein Essen mit Fleisch und ein vegetarisches Essen. An den anderen Tagen gibt es aber nur ein Essen, (30) und das eine Essen ist dann vegetarisch. Für Vegetarier ist die Schulkantine also gut geeignet, aber wenn man denkt, dass ein Essen ohne Fleisch für viele Schüler kein richtiges Essen ist, dann hat man ein Problem. Für Veganer ist es noch schwieriger. (35) Denn meistens ist im Essen entweder Ei, Käse oder Butter, in der

Soße ist Sahne oder im Nachtisch Milch. Veganer müssen deshalb, wenn sie sicher sein wollen, dass sie nichts vom Tier essen, jeden Tag ihr (40) eigenes Essen mitbringen. Das ist natürlich sehr umständlich, aber wir haben in der Klasse eine Schülerin, Nadia, die 100 Prozent vegan isst. Ihre Eltern geben ihr jeden Tag ein Mittagessen mit in die Schule. Das macht sie schon seit einem Jahr.

(45) E Ein weiteres Problem sind Klassenfahrten, denn es ist nicht möglich, das Essen für eine Woche mitzunehmen. Nadia hat deshalb auf unserer letzten Klassenfahrt immer nur trockenes Brot, Nudeln ohne Soße oder Obst gegessen. Das (50) war schwer für sie und wir haben in der Klasse viel diskutiert. Nadia hat ihre Meinung verteidigt und ist Veganerin geblieben.

F Meine Meinung zu diesem Thema ist, dass es normal ist, dass man Dinge von Tieren isst. Im (55) Gegensatz zu Nadia denke ich, dass es für ein Tier nicht schädlich ist, wenn wir die Eier essen oder die Milch trinken oder die Wolle von Schafen zu Pullovern verarbeiten. Die Tiere sind nützlich für uns und deshalb werden sie auf einem Bauern- (60) hof gehalten. Wenn man die Produkte von Tieren nicht nutzen kann, dann wird es auch immer weniger Tiere auf den Bauernhöfen geben.

c Schlüsselinformation
Beim Lesen musst du entscheiden, welche Wörter wichtig (Schlüsselinformation) und welche nicht so wichtig sind. Finde für jeden Absatz die Schlüsselinformationen.

Das meinen andere
Mara: isst, was sie mag
Melize: Tierfreundin

d Verbindungswörter
Es gibt im Text Wörter oder Ausdrücke, die Verbindungen zwischen den Sätzen herstellen. Diese Wörter sind wichtig, damit du die Aussage vom Text verstehst.
Erkläre die Bedeutung von den markierten Wörtern.
Verwende die Wörter: *Gegensatz, Grund, Folge*.

Das Wort „dagegen" benennt einen Gegensatz.
Es bedeutet, dass Melize eine andere Meinung hat als Mara.

e Schreiben
Was ist deine Meinung zum Thema „Fleisch essen oder nicht"? Schreib einen Text.

5 Sprechtraining – Kontraste betonen

a Hör zu. Welche Fortsetzung passt zu den Sätzen?
In zwanzig Jahren kontrollieren Roboter die Arbeiter in einer Firma.

1. Nicht in 50.
2. Nicht in zwanzig Monaten.
3. Sie helfen nicht den Arbeitern.
4. Nicht die Chefs kontrollieren die Arbeiter.
5. Nicht die Arbeiter kontrollieren die Roboter.

b Lies den Satz und überlege, wie man ihn betonen kann. Schreib eine Fortsetzung für jedes Betonungsmuster.
In wenigen Jahrzehnten wird es umweltfreundliche, runde Häuser geben.

1. In wenigen Jahrzehnten wird es umweltfreundliche, runde Häuser geben.
Nicht in wenigen Jahren.

Arbeitet zu zweit.
A liest einen Satz vor.
B sagt, welche Fortsetzung dazu passt und liest sie mit der richtigen Betonung vor.

9 Engagement

Das lernst du

- Meinungen äußern
- Über Engagement sprechen
- Widersprüche benennen
- Eine E-Mail beantworten

1 Engagement macht stark

a Was sagen die Bilder über das Thema „Engagement“? Beschreibe die Bilder.

b Zu welchen Bildern passen die Texte? Begründe deine Meinung. Ein Text und ein Bild bleiben übrig.

1. ☐ Tiere waren schon immer sehr wichtig für mich. Ich finde es furchtbar, dass man Cremes, Parfüms oder Medikamente an Tieren ausprobiert. Das ist doch unmenschlich! Deswegen protestiere ich in der Öffentlichkeit gegen Tierversuche und für weniger Konsum von Fleisch. Die Politiker tun nicht genug.

2. ☐ Es stimmt nicht, dass die Jugend sich nicht für Politik interessiert. Obwohl ich jung bin, will ich öffentlich meine Meinung sagen. Ich bin zwar nicht Mitglied in einer Partei, aber ich engagiere mich bei uns in der Gemeinde im Jugendzentrum. Da machen wir viele Veranstaltungen. Wir diskutieren und wir feiern zusammen.

3. ☐ Ich setze mich für Kinder in aller Welt ein, denen es nicht so gut geht wie mir. Ich helfe ihnen, obwohl ich selbst nicht viel Geld habe. Ich sammle auch Spenden, damit diese Kinder regelmäßig etwas essen können, eine gute Bildung bekommen und gesund bleiben. Ich gebe auch manchmal Unterricht für Flüchtlinge. Nicht nur Politiker können etwas verändern.

4. ☐ Ich bin Schülerlotse. Wir kümmern uns um die Sicherheit von unseren jüngeren Mitschülern und Mitschülerinnen. Jeden Morgen und jeden Nachmittag helfen wir den Kleinen, sicher über die Straße vor unserer Schule zu kommen. Das kostet Zeit und ich muss sogar früher aufstehen, trotzdem mache ich die Aufgabe unheimlich gern.

c Zu welchen Wörtern in den Texten passen 1–5?

1. Wenn man seine Meinung so sagt, dass es jeder hört und sieht, dann tut man das in der …
2. Wenn man in der Zukunft eine Chance haben will, dann braucht man eine gute …
3. sich für etwas einsetzen
4. Man gibt freiwillig Geld für eine gute Sache. Das ist eine …
5. Kinder und Jugendliche, die mit dir die gleiche Schule besuchen, sind deine …

d Suche in den Texten auf Seite 48 die Sätze mit *obwohl* und ergänze das *Denk nach*.

Denk nach

Ich habe selbst nicht viel Geld.
Trotzdem helfe ich ihnen.
Ich helfe ihnen, obwohl ich nicht viel Geld habe.
Ich muss früh aufstehen.
Trotzdem mache ich die Aufgabe gern.
… ich früh aufstehen muss, …

e Verbinde die Sätze mit *trotzdem* und *obwohl*.

1. Ich möchte helfen. / Ich habe nicht viel Taschengeld.
2. Wir sind noch jung. / Wir sollten uns für unsere Zukunft engagieren.
3. Viele Menschen helfen nicht. / Sie sind sehr reich.
4. Unser Großvater engagiert sich als Arzt in Thailand. / Er ist schon über 70.
5. Ich helfe Schülern bei den Hausaufgaben. / Ich habe weniger Zeit für mich.
6. Ich finde Umweltschutz wichtig. / Ich engagiere mich nicht.

Ich habe nicht viel Taschengeld. Trotzdem …

f Wofür würdet ihr euch gerne engagieren und wofür nicht? Sprecht in der Klasse.

2 Kinderpatenschaft

a Lies die E-Mail und notiere die Informationen.

Wer? – Für wen? – Wo? – Warum? – Wie oft?

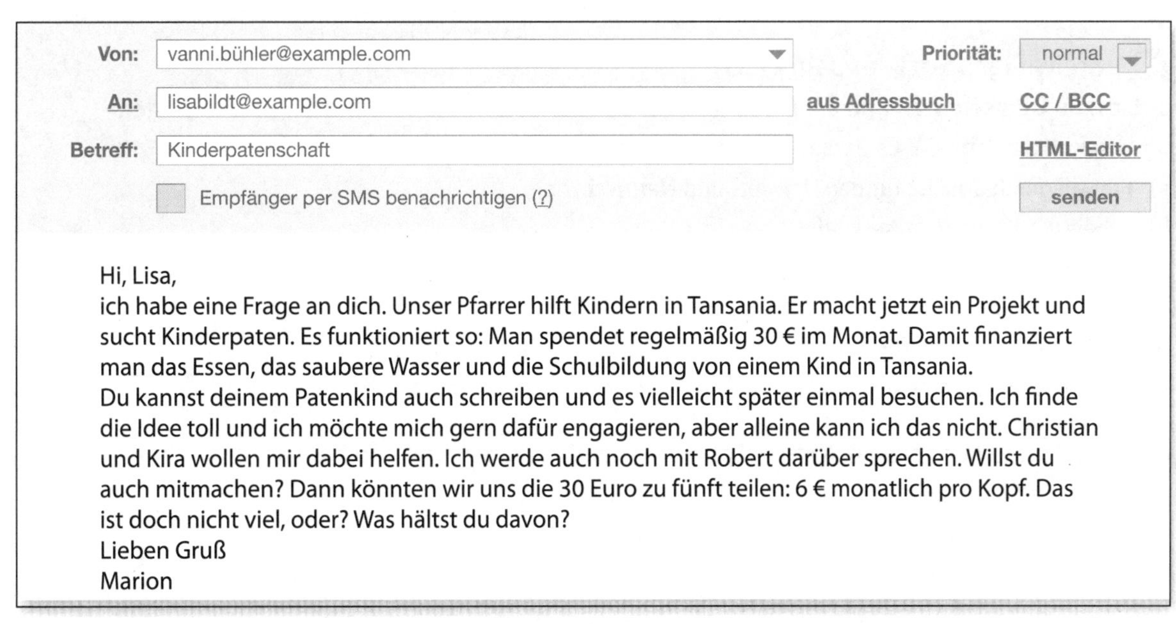
Von: vanni.bühler@example.com
Priorität: normal
An: lisabildt@example.com
aus Adressbuch
CC / BCC
Betreff: Kinderpatenschaft
HTML-Editor
Empfänger per SMS benachrichtigen (?)
senden

Hi, Lisa,
ich habe eine Frage an dich. Unser Pfarrer hilft Kindern in Tansania. Er macht jetzt ein Projekt und sucht Kinderpaten. Es funktioniert so: Man spendet regelmäßig 30 € im Monat. Damit finanziert man das Essen, das saubere Wasser und die Schulbildung von einem Kind in Tansania.
Du kannst deinem Patenkind auch schreiben und es vielleicht später einmal besuchen. Ich finde die Idee toll und ich möchte mich gern dafür engagieren, aber alleine kann ich das nicht. Christian und Kira wollen mir dabei helfen. Ich werde auch noch mit Robert darüber sprechen. Willst du auch mitmachen? Dann könnten wir uns die 30 Euro zu fünft teilen: 6 € monatlich pro Kopf. Das ist doch nicht viel, oder? Was hältst du davon?
Lieben Gruß
Marion

b Fragt und antwortet in der Klasse.

c Kinderpatenschaften – Warum macht man das? Notiere drei Gründe. Vergleicht in der Klasse.

3 Eine E-Mail beantworten

a Lies die Sätze 1–5 und dann noch einmal die E-Mail auf Seite 49. Wofür stehen die grünen Wörter? Ordne a–e zu.

1. Ich würde mich gern dafür engagieren.
2. Christian und Kira wollen mich dabei unterstützen.
3. Damit finanzieren wir das Essen und das Trinkwasser.
4. Ich will auch noch mit Robert darüber sprechen.
5. Was hältst du davon?

a) mit dem Geld
b) über das Engagement
c) von der Idee
d) bei dem Projekt
e) für die Idee

b Wofür? Dafür! Lies das *Denk nach* und überlege für die roten Punkte: Wann steht ein „r", wann nicht?

Denk nach

bei Sachen:

Frage: wo • an? wo • auf? wo • für? wo • von? wo • bei? wo • über?

Antwort: da • an, da • auf, da • für, da • von, da • über, da • um

c Übt zu zweit. Erfindet noch weitere Beispiele.

1. Ich engagiere mich für die Umwelt. Und du?
2. Ich spreche fast nie über die Politik. Und du?
3. Ich unterstütze Vanessa bei der Idee. Und du?
4. Ich nehme an dem Projekt teil. Und du?
5. Ich kümmere mich um die Planung vom Fest. Und du?

Ich engagiere mich für die Umwelt. Und du?

Ich engagiere mich auch dafür.

d Beantworte Marions E-Mail von 2a. Schreib über die folgenden Punkte. Überleg dir zuerst die Reihenfolge.

- Fordere Informationsmaterial an.
- Erkläre, warum du mitmachen willst.
- Mach Vorschläge, wer sich noch dafür einsetzen könnte.
- Schreib, was du von der Idee hältst.

4 Freiwilliges Soziales Jahr (FSJ)

a Lies die Überschriften und dann den Text auf Seite 51. Welche Überschriften passen zu den Abschnitten 1 bis 3? Es passen je zwei Überschriften.

a) Freiwilliger Journalist für den Umwelt- und Naturschutz
b) Arbeit mit Kindern im Ausland
c) Freiwilliges soziales Jahr für alle
d) Politisches Engagement für die Ökologie
e) Vielfältige Angebote für das freiwillige Jahr
f) Ein Jahr in Asien arbeiten

b Lies die Texte noch einmal. Notiere Stichworte zu den Fragen 1–4 und berichte.

1. Was ist ein freiwilliges soziales Jahr?
2. Was ist ein freiwilliges ökologisches Jahr?
3. Wo kann man ein freiwilliges soziales oder ökologisches Jahr machen?
4. Warum entscheiden sich Jugendliche für ein freiwilliges soziales oder ökologisches Jahr?

1 **Wenn man noch nicht weiß, was man beruflich in der Zukunft machen möchte, kann das freiwillige soziale oder ökologische Jahr eine attraktive Alternative sein. Junge Erwachsene können es sowohl im Inland als auch im Ausland machen. In unterschiedlichen Bereichen, Alten- und Pflegeheim, Sportverein, Theater, Kirchengemeinde, Umweltorganisation ..., können sie sechs bis 12 Monate lang arbeiten und Erfahrungen für den eigenen Lebensweg sammeln. Hier zwei Erfahrungsberichte.**

2 Kilian

Ich arbeite in Korea in einem Waisenhaus. Kinder ohne Eltern und Kinder aus „Problemfamilien" bleiben hier, bis sie ihren Schulabschluss haben. Ich kümmere mich besonders um die kleinen Kinder. Ich bringe ihnen Englisch bei. Das ist viel Verantwortung und sehr anstrengend. Es war am Anfang sehr schwer, mehrere Stunden zehn oder mehr Kinder um mich herum zu haben. Manchmal wollen alle zur gleichen Zeit etwas von mir. Aber ich gebe nicht auf und mache weiter. Ich möchte ja Lehrer werden und da ist die Arbeit hier ein gutes Training. Ich bin schon viel selbstbewusster geworden. Man lernt den Alltag im Beruf kennen und hat sehr viel Kontakt zu Menschen. In Korea ist ja auch fast alles ganz anders als bei uns in Würzburg.

3 Stefanie

Ich habe mich schon immer politisch engagiert, besonders im Bereich Umweltschutz. Deswegen mache ich jetzt ein freiwilliges ökologisches Jahr (FÖJ). Ich habe im letzten August begonnen und arbeite noch bis zum nächsten Juli. Ich arbeite in der Pressestelle vom BUND. Ich muss selbstständig im Internet Informationen zu verschiedenen Themen recherchieren und auch kleine Texte für die Presse schreiben. Das ist genau das, was ich will: Pressearbeit für den Umweltschutz und dabei mit jungen, engagierten Menschen zusammenarbeiten. Nach diesem Jahr werde ich wahrscheinlich Journalismus studieren. Im Studium wird mir die Erfahrung im FÖJ sicher helfen.

c Du hörst ein Gespräch mit Ria und Mirko, die ein freiwilliges ökologisches Jahr gemacht haben. Dazu bekommst du fünf Aufgaben. Wähle: Sind die Aussagen richtig oder falsch?

1. Ria und Mirko sagen, dass das Jahr sie verändert hat.
2. Mirko meint, dass er jetzt herausfinden muss, wie es weitergeht.
3. Ria hat festgestellt, dass ihr viel mehr Dinge Spaß machen, als sie gedacht hat.
4. Mirko war überrascht, dass er sich nie gelangweilt hat.
5. Ria meint, dass man beim Reisen ähnliche Erfahrungen machen kann.

d Freiwilliges soziales oder ökologisches Jahr – Wäre das was für dich? Warum (nicht)? Wo würdest du eventuell gern arbeiten?

Es könnte sein, dass ...

Ich könnte mir vorstellen, dass ...

Ich bezweifle, ob ...

Meiner Meinung nach ...

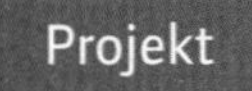

Wählt A oder B.

A Wo kann man sich an eurem Ort engagieren? Soziales, Umwelt, Kultur, Politik, Sport ... Recherchiert und macht kleine Präsentationen.

B Stellt eine Organisation aus Deutschland, Österreich, der Schweiz oder aus eurem Land vor.

Deutsches Jugendrotkreuz Pfadibewegung Schweiz

Technisches Hilfswerk Naturfreundejugend Österreich

10 Geld

Das lernst du

- Über Ideen zum Geldverdienen sprechen
- Über Vor- und Nachteile von Nebenjobs sprechen
- Etwas reklamieren/umtauschen
- Tipps zum Einkaufen im eigenen Land geben

1 Damit man sich etwas Besonderes leisten kann, muss man Ideen haben, denn das neue Mountainbike kann man nicht vom Taschengeld bezahlen. Für viele ist ein Nebenjob die Möglichkeit, das Taschengeld zu ergänzen und außerdem Erfahrungen für das Berufsleben zu sammeln. Doch solltet ihr zuerst einige grundsätzliche Fragen beantworten: Wozu braucht ihr das Geld? Job und Schule, geht das? Welche Tätigkeiten sind geeignet?

2 Vergesst nicht, dass euer Beruf „Schüler" an erster Stelle steht. Ein Job sollte auf keinen Fall zu anstrengend sein, damit ihr euch in der Schule konzentrieren könnt. Besprecht mit euren Eltern, wie ein Nebenjob und die Schule zusammenpassen können. Auch sollte die Arbeit nicht so lang sein, dass ihr keine Zeit mehr für eure Freunde habt. Wenn eure Noten nicht gut sind, braucht ihr Zeit zum Lernen. In diesem Fall solltet ihr lieber an einen Ferienjob denken.

3 Wenn ihr für einen neuen Computer oder eine Reise spart, dann braucht ihr ziemlich viel Geld. Dafür ist ein Ferienjob besser. Da verdient ihr meistens mehr und ihr könnt mehrere Wochen am Stück arbeiten.

4 Möchtet ihr einen bestimmten Beruf kennenlernen? Dann bewerbt euch direkt bei passenden Firmen. Vielleicht bekommt ihr da weniger Stundenlohn als sonst, dafür lernt ihr jedoch Dinge, die für eure berufliche Zukunft nützlich sind.
Aushilfstätigkeiten oder Minijobs findet man im Internet. Aber auch im Supermarkt oder in der Stadtbücherei findet man häufig Aushänge.
Damit ihr Erfolg habt, solltet ihr selbst aktiv werden und persönlich mit einer Firma Kontakt aufnehmen.

5 Man muss 13 Jahre alt sein und die Eltern müssen der Tätigkeit zustimmen. Zwischen dem 13. und 14. Lebensjahr darf man zwei Stunden täglich arbeiten. Aber man darf nicht vor oder während der Schulzeit und nicht an Wochenenden/Feiertagen oder nach 18 Uhr arbeiten.
Zwischen dem 15. und dem 18. Lebensjahr ist man laut Gesetz Jugendliche/r. Wenn ihr schulpflichtig seid, müsst ihr euch an die Regeln für die 13- bis 14-Jährigen halten. Allerdings dürft ihr in den Schulferien bis zu vier Wochen im Jahr jobben.

1 Jobs und Geld

a Sprecht über die Fotos: Was sagen sie zum Thema „Jobs und Geld"?

Geld bedeutet …

Ohne Geld …

Wenn man Geld braucht, …

b Lies den Text und ordne die Zwischenüberschriften den Abschnitten 1–5 zu.

A Wie finde ich Jobs?
B Hauptberuf: Schüler
C Ich brauche mehr Geld.
D Was sagt das Gesetz?
E Zuerst entscheiden: Was will ich?

c Lies noch einmal. Was ist richtig: a, b oder c?

1. Der Artikel gibt Tipps für
   a Praktika.
   b Schülerjobs.
   c Berufsausbildungen.

2. Auf Platz 1 steht für Schüler
   a die Schule.
   b die Freundschaft.
   c das Geldverdienen.

3. Bei schlechten Schulnoten
   a sollte man nicht arbeiten.
   b sollte man Geld verdienen.
   c sind Ferienjobs besser.

4. Jobangebote findet man
   a in der Schule.
   b z. B. im Supermarkt.
   c nur sehr schwer.

5. Schüler unter 18 dürfen
   a nicht arbeiten.
   b nur wenig arbeiten.
   c nur bei den Eltern arbeiten.

d Welche grünen Wörter im Text auf Seite 52 passen zu 1–8?

1. Man geht persönlich zu einer Firma oder ruft an.
2. etwas (eine Erfahrung / ein Produkt), das man gut brauchen kann
3. etwas (ein Job) passt zu einer Person
4. eine längere Zeit ohne Pause arbeiten/lernen
5. eine Tätigkeit, die man nur eine Zeitlang macht
6. das Geld, das man für eine Stunde Arbeit bekommt
7. Man muss in die Schule gehen.
8. eine Tätigkeit, die nicht der Hauptberuf ist

e Verwende die Begriffe aus 1 d in je einem weiteren Beispielsatz.

2 Pro und Kontra Nebenjobs

a Bringt die Schritte in die richtige Reihenfolge.

den Text schreiben

eine Gliederung schreiben

Ideen sammeln

die Rechtschreibung und Grammatik korrigieren

inhaltlich durchlesen (alles gesagt?)

b Sammelt Argumente und diskutiert in der Klasse.

Pro	*Kontra*
man kann Geld verdienen	*man hat vielleicht Probleme in der Schule*
…	…

c Arbeitet zu zweit. Notiert Stichworte zu den Fragen und diskutiert, in welcher Reihenfolge ihr sie in der Erörterung behandeln wollt.

1. Wie dürfen Jugendliche in Deutschland arbeiten?
2. Was spricht für einen Nebenjob?
3. Was spricht gegen einen Nebenjob?
4. Wie ist die Situation in eurem Land?
5. Was ist eure Meinung zu dem Thema?

d Schreibt eine Erörterung.

R Seite 131: **Erörterung**

3 Radiofeature

a Hör zu. Welches Foto passt?

b Was bedeuten diese Wörter? Arbeite mit dem Wörterbuch.

die Kaufsucht – kaufsüchtig - der/die Kaufsüchtige – die Startseite – das Schnäppchen – Bestellnummer – der Bestellbutton – der elektronische Warenkorb

Mein Tipp:
Suche nach den Wortteilen: KAUF + SUCHT

c Lies die Sätze 1–6 und hör noch einmal. Welche Aussagen sind richtig?

1. Das Thema der Radiosendung ist das Einkaufen im Internet.
2. Tina hat Angst, dass sie kaufsüchtig ist.
3. Oft kaufen Kaufsüchtige Dinge, die sie gar nicht brauchen.
4. In Deutschland sind 17% der Bevölkerung kaufsüchtig.
5. Das Problem „Kaufsucht" haben mehr Frauen als Männer.
6. Nicht jeder, der manchmal zu viel einkauft, ist kaufsüchtig.

d Ist Kaufsucht wirklich ein Problem? Was meint ihr dazu?

4 Kauf dir das Spiel!

a Lies die Sprechblasen und ergänze das *Denk nach*.

Ich musste mir die Jacke einfach kaufen.

Sie kauft auch, wenn sie sich die Sachen nicht leisten kann.

Denk nach

Reflexive Verben mit Dativpronomen
sich etwas kaufen / sich etwas leisten können
Ich kaufe mir (D) die Jacke (A).
Sie kann sich (D) die Jacke (A) nicht leisten.
Sie kauft ... einen Laptop.
Kaufst du ... auch einen Laptop?

b Schreib die Sätze zu Ende wie im Beispiel.

1. Georg hat das Spiel nicht gebraucht, trotzdem ... (sich kaufen)
2. Ich habe das Handy gekauft, obwohl ... (sich nicht leisten können)
3. Meine Oma möchte mir Kopfhörer schenken, aber ... (selbst aussuchen sollen)
4. Nadja hat kein Geld für das Ultra-Pad, deshalb ... (sich zum Geburtstag wünschen)
5. Wir haben kein Geld für Computerspiele, deshalb ... (sich ausleihen)
6. Wenn meine Eltern ein Auto brauchen, dann ... (sich leihen)
7. Ihr habt die neuen T-Shirts nicht gebraucht, trotzdem ... ? (sich kaufen)
8. Ich brauche den Kopfhörer nicht, deshalb ... (sich nicht kaufen)

1. Georg hat das Spiel nicht gebraucht, trotzdem hat er sich das Spiel gekauft.

5 Da gibt es ein Problem.

a Hör den Dialog. Was ist das Problem? Was ist die Lösung?

● Guten Tag, kann ich Ihnen helfen?

■ Guten Tag, ich möchte diese Blu-ray zurückgeben.

● Mm, das ist ein Problem, denn Filme ohne die Originalverpackung können wir leider nicht zurücknehmen.

■ Das finde ich aber nicht fair von Ihnen. (1) Ich habe „Interstellar" bei Ihnen gekauft, aber die Blu-ray läuft nicht auf meinem Computer.

● Das tut mir leid. Ich möchte Ihnen das erklären. (2) Sehen Sie, leider kommen viele Kunden und wollen DVDs oder Blu-rays umtauschen, aber heute kann man eine DVD oder Blue-ray sehr leicht kopieren und …

■ Ja, aber das ist hier doch etwas anderes. Sie funktioniert nicht.

● Lassen Sie mich doch bitte ausreden. (3) Ich kann Ihnen das Geld nicht zurückgeben, aber eine andere Blu-ray geben.

■ Einverstanden, aber (4) was mache ich, wenn die auch nicht funktioniert?

● Dann kommen Sie noch einmal zu mir. Ich müsste dann mit unserer Reklamationsabteilung sprechen und dann sehen wir weiter.

■ O.k., dann machen wir das so. (5)

● Kann ich sonst noch etwas für Sie tun?

b Lest den Dialog laut. Variiert die Stimme: laut, leise, aggressiv, vorsichtig …

c Variiert den Dialog mit den Elementen in 1–7 oder variiert frei.

zu 1: Da haben Sie schon recht, aber …
Das finde ich nicht in Ordnung.

zu 2: Das müssen Sie verstehen.
Da kann ich wirklich nichts machen.

zu 3: Hören Sie mir doch einen Moment zu.
Warten Sie doch einen Moment.
Ich erkläre es Ihnen doch gleich.

zu 4: Na ja, …
Ich weiß nicht, …
Das finde ich nicht so gut, denn ...

zu 5: Na gut, dann akzeptiere ich das.
Na, dann hoffe ich mal, dass die jetzt funktioniert.

Verbrauchertipps für Deutschland

1. Wenn man etwas in einem Geschäft gekauft hat, dann hat man kein Umtauschrecht. Beim Kauf im Internet hat man 14 Tage Umtauschrecht.
2. Wenn das Produkt nicht funktioniert oder Fehler hat, dann muss der Verkäufer es zurücknehmen, aber er kann versuchen, es zu reparieren. Nur wenn das nicht möglich ist, muss er das Geld zurückgeben.
3. Software (CD, CDR, DVD …) kann man fast nie umtauschen, wenn die Originalverpackung fehlt.

d Wählt A oder B.

A Ein deutscher Austauschschüler hat bei euch in einem Laden einen Kopfhörer gekauft und möchte ihn umtauschen. Wie funktioniert das?

B Schreibt Tipps zum Thema „Einkaufen" in eurem Land.

11 Natur

Das lernst du

- Über die Natur und Technik sprechen
- Überraschung/Zweifel äußern
- Umweltprobleme diskutieren

1 Erde, Wasser, Licht und Luft

Wandernde Plakate – Bildet je eine Gruppe zu einem Foto.

- Macht in der Gruppe ein Brainstorming zu eurem Foto. Notiert Wörter und Ausdrücke.
- Gebt euer Plakat nach fünf Minuten weiter. Die nächste Gruppe ergänzt.
- Gebt das Plakat wieder weiter. Die nächste Gruppe ordnet die Wörter nach: positiv, neutral und negativ.
- Gebt das Plakat wieder weiter. Die letzte Gruppe stellt das Plakat vor.

2 Jugend und Klimawandel

a Wählt je zwei Wörter aus und erklärt sie mit Beispielen.

der Klimawandel – die Energiewende – erneuerbare Energien – die Naturkatastrophe – der Stromverbrauch – das Umweltprojekt – der Terrorismus

Das Wort „Klimawandel" bedeutet, dass das Klima sich ändert. Es wird überall wärmer. Es gibt mehr Stürme.

b Lies die Sätze 1–5 und dann die Zeitungsnotiz auf Seite 57. Welche Aussagen sind falsch?

1. Die meisten Jugendlichen interessieren sich nur wenig für den Umweltschutz.
2. Die Angst vor Krieg und Gewalt ist geringer als die Angst vor dem Klimawandel.
3. Viele Jugendliche würden auf etwas verzichten, wenn das der Umwelt helfen würde.
4. Die meisten Jugendlichen kennen Umweltprojekte in ihrer Umgebung.
5. Die Jugendlichen engagieren sich mehr in ihrem Alltag als in der Politik für Klimaschutz.

Umwelt- und Klimaschutz sind Top-Themen

Das Weltklima gehört zu den wichtigsten politischen Themen für die Jugendlichen in Deutschland. Über 90 % der Befragten des „Nachhaltigkeitsbarometers“ einer großen Umweltschutzorganisation halten die Energiewende, d. h. die Abkehr von Erdöl, Kohle, Gas und Atomstrom und die Verwendung von erneuerbaren Energien (Wind, Sonne, ...) – für richtig. Der Klimaschutz ist für die meisten Jugendlichen ein ebenso wichtiges Thema wie der Terrorismus oder die allgemeine wirtschaftliche Lage. Mehr als die Hälfte der Jugendlichen macht sich Sorgen wegen des Klimawandels. Sie haben Angst vor Naturkatastrophen oder schlechterem Trinkwasser und glauben, dass sich ihr Leben wegen der starken Erderwärmung verändern wird. Deshalb wollen viele junge Menschen auch etwas für den Klimaschutz tun und z. B. den eigenen Stromverbrauch reduzieren oder nur Strom aus erneuerbaren Quellen beziehen. Die Klimakonferenz von Paris im Dezember 2015 stieß gerade bei den 16- bis 24-Jährigen in Deutschland auf großes Interesse. Aber trotz dieser allgemeinen Einstellungen kannten nur wenige Jugendliche konkrete Umweltprojekte in ihrer Umgebung. Sie engagieren sich auch nur selten politisch für den Klimaschutz oder für Umweltprojekte.

c Sprecht über den Artikel. Wie ist das bei euch?

Ich weiß nicht, wer/wie/wofür ...	Mich überrascht, dass ...
Ich bin nicht sicher, wie ...	Ich vermute, dass bei uns ....
Ich frage mich, warum/wie ...	Ich kann mir (nicht) vorstellen, dass ...

Wegen des Klimawandels ...

a Präpositionen *wegen, trotz* mit Genitiv – Markiere im Text oben die Sätze mit *wegen* und *trotz*. Ergänze das *Denk nach*.

Denk nach

m	wegen d... schnellen Klimawandels	Maskuline und neutrale Nomen
n	wegen des schweren Hochwassers	haben im Genitiv *-(e)s*.
f	wegen d... starken Erderwärmung	Adjektive haben im Genitiv die Endung -n.
Pl	trotz dieser allgemeinen Einstellungen	! Plural (ohne Artikel): trotz großer
!	trotz großer Probleme	Vorteile/Probleme/Anstrengungen

b Schreib die Sätze.

1. wegen / die Klimaerwärmung / viele Staaten / Probleme mit Unwettern / haben / .
2. trotz / der Klimawandel / wir / produzieren / immer mehr CO_2 / .
3. wegen / die Trockenheit / es gibt / weniger Trinkwasser / .
4. trotz / die Abgase / die Menschen / fahren / immer mehr / Auto / .
5. wegen / die Umweltverschmutzung / sich Sorgen machen / viele Menschen / .
6. trotz / das Wasserproblem / der Wasserverbrauch / steigen / .

Wegen der Klimaerwärmung haben ...

c Schreib eine Reaktion auf den Zeitungsartikel. Wie ist das bei dir? Was sind für dich die wichtigsten Themen? Begründe und gib Beispiele.

Wegen der Wirtschaftskrise ist das Thema „Umwelt“ ...

4 Was tun mit dem Müll?

a Lest die Wortliste. Klärt die unbekannten Wörter.

die Bananenschalen	das Geschirr	der Joghurtbecher	die Zeitung	das Buch
die Zwiebelschalen	die Milchpackung	die Plastiktüte	die Bierdose	die Flasche
das Marmeladenglas	das Holzregal	die Eierschalen	das Heft	das Senfglas
die Energiesparlampe	die Essensreste	die Waschmaschine	die Plastikflasche	das Bügeleisen
der Sessel	die Pfandflasche	der Prospekt	der Schuh	die Plastikverpackung

die Banane + n + die Schale

Das ist so etwas wie die Verpackung von einer Frucht. Sie ist gelb.

b Lest den Flyer und sortiert den Müll aus 4a in die Müllbehälter A–F.

Tipps für richtige Mülltrennung

Darf man Milchtüten in die Biotonne werfen? Gehört eine Energiesparlampe in den Restmüll? Dieser Flyer beantwortet Ihre häufigsten Fragen. Hier erfahren Sie, was in die Restmülltonne oder in den gelben Sack gehört. Wir erklären die Biotonne und sagen Ihnen, was Sie in den Papier- oder in den Glascontainer tun können und was zum Sperrmüll muss.

Wer richtig trennt, hilft beim Recyceln und Müllvermeiden.

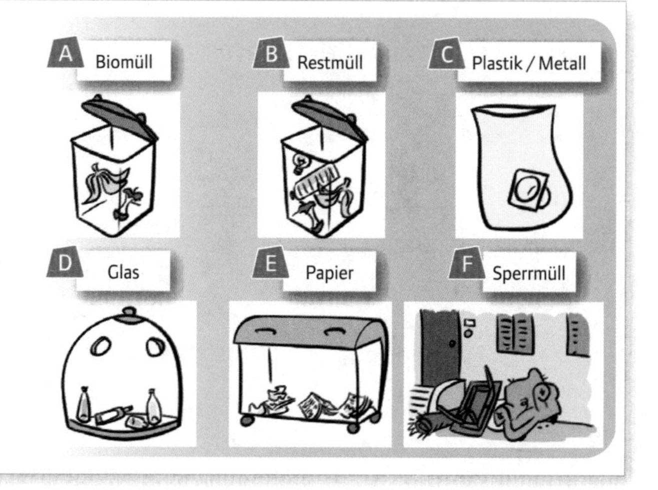

c Lies die Sätze 1–4 und hör das Gespräch. Entscheide: Was ist richtig?

Teil 1

1. John und Carsten sprechen über Mülltrennung.

2. Was ist das Problem?
   - a John weiß nicht, was Pfandflaschen sind.
   - b Er versteht nicht, wie man den Müll trennt.
   - c Er will nichts für die Umwelt tun.

Teil 2

3. John möchte zu Hause nur einen Mülleimer haben.

4. Wann kann er Sperrmüll auf die Straße stellen?
   - a Jeden Tag.
   - b Einmal in der Woche.
   - c Das Datum muss er im Internet suchen.

d Podiumsdiskussion: Was tun mit dem Müll? Bildet vier Gruppen.

1. Politiker/in	2. Vertreter/in der Industrie	3. Bürgerinitiative gegen Müll	4. Bürger/in
These: Wir brauchen bessere Regeln für die Reduzierung von Müll.	*These:* Umweltgesetze gefährden Arbeitsplätze.	*These:* 75 % aller Verpackungen sind überflüssig. Man muss sie verbieten.	*These:* Jede/r muss selbst entscheiden, wie er/sie mit dem Müll umgeht.

- Sucht in Gruppen Argumente und Beispiele für eure These.
- Wählt dann einen/eine Vertreter/in für das Podium.
- Nach 5 Minuten Podiumsdiskussion stellt auch das Publikum Fragen.

R Seite 130: Diskussionen

5 Von der Natur lernen

a Betrachte Foto A und hör zu. Was hörst du? Was denkst du? Wo könnte das sein?

A

B

C

b Lies den Text. Was haben die Fotos mit dem Text zu tun?

Bionik – von der Natur lernen

Gartenmöbel, die nicht schmutzig werden, Häuser, die sich bei Regen selbst wieder sauber machen, Autos, die man nicht putzen muss: Wie ist das möglich? Wissenschaftler haben sich die Frage gestellt: „Warum ist die Lotusblume auch im schmutzigsten Wasser immer weiß?" Die Lösung: Das Blatt hat eine besondere Struktur. Ein Material, das dem Wachs von unseren Kerzen sehr ähnlich ist, schützt es. Das Wasser läuft daran einfach ab. Man nennt diesen Effekt den „Lotuseffekt". Heute kann die Technik ihn nachahmen und bei der Produktion von Farben, Gläsern, Kleidungsstücken usw. verwenden.

Ein weiteres Beispiel ist der Klettverschluss. Der Schweizer Ingenieur Georges de Mestral hatte einen Hund, mit dem er oft im Wald spazieren ging. Danach ärgerte sich Mestral häufig, dass er den Hund mühsam von Kletten befreien musste, die im Fell des Hundes waren. Eines Tages wollte er genau wissen, wie die Klette sich im Fell so festkrallen konnte. Und vor allem, wie die gleiche Klette das immer wieder tun konnte. Unter dem Mikroskop entdeckte er, dass die Klette winzige elastische Haken hat. Mestral fand eine Möglichkeit, diesen Effekt nachzuahmen und meldete seine Erfindung 1951 zum Patent an.

In der Schule ist Abgucken verboten. In der Bionik ist es das Grundprinzip des wissenschaftlichen Arbeitens. Wie kann die Natur uns helfen? Mit dieser Frage beschäftigt sich die Bionik. Sie ist eine noch junge Wissenschaft, die in der Natur Hinweise für technische Lösungen entdecken möchte. Das Wort „Bionik" setzt sich aus „Biologie" und „Technik" zusammen. Naturwissenschaftler und Ingenieure, Architekten und Philosophen arbeiten zusammen. Sie definieren zuerst das technische Problem und suchen dann zusammen nach Lösungen in der Natur. Die Bionik beschäftigt sich heute mit vielen unterschiedlichen Themen. Vier wichtige Themen sind: 1. die Erforschung von neuen Materialien, 2. die Entwicklung von Robotern, 3. die Entwicklung von neuartigen Fluggeräten und Schiffen, und 4. die Entwicklung von neuen Formen in der Architektur und im Design.

c Lies noch einmal. Was steht im Text? Wähle a, b oder c.

1. Der „Lotuseffekt" bedeutet, dass
   - a eine Pflanze in schmutzigem Wasser wächst.
   - b die Blume immer weiß bleibt.
   - c die Blume aus Wachs besteht.

2. Heute kann man
   - a den Lotuseffekt technisch nachahmen.
   - b künstliche Lotusblumen produzieren.
   - c Wasser besser sauber machen.

3. Die Idee zum Klettverschluss
   - a kommt vom Fell von Hunden.
   - b hatte ein Forscher im Labor.
   - c kommt von einer Pflanze.

4. Welche Überschrift passt am besten?
   - a Von der Natur lernen
   - b Saubere Pflanzen
   - c Die Geschichte der Biologie

d Natur als Vorbild – Findet andere Beispiele für Bionik und stellt sie vor.

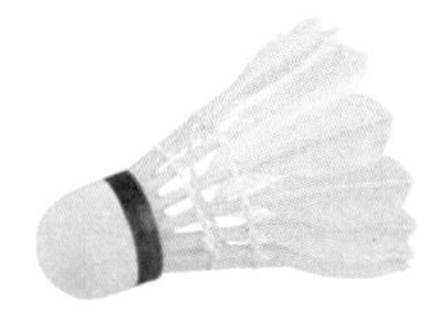

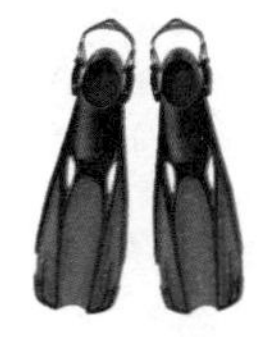

1 Sprechen – Über dich sprechen

Tipp

- Beantworte die Fragen nicht nur mit einem Satz, sondern mit mehreren Aussagen. Erzähle mit Hilfe der Prüferfragen etwas über dich.
- Sprich laut und deutlich.
- Betone Informationen, die dir wichtig sind.

a Über welche Themen kann man sprechen? Sammelt in der Klasse.

Wohnung Zukunft *Berufswünsche* Familie Freunde

b Was kann man fragen? Arbeitet in Gruppen. Verteilt eure Themen an die Gruppen.
Jede Gruppe schreibt mindestens drei Fragen zu jedem Thema.

c Stellt eure Fragen in der Klasse vor.

d Bildet neue Gruppen mit je vier Personen. Zwei Prüfer/innen, zwei Prüfungsteilnehmer/innen.
Zuerst fragen A und B, C und D antworten. Nach vier Minuten wechselt ihr die Rollen.

2 Hören – Reportage aus dem Radio

Tipp

- Wenn du etwas nicht verstehst, lass dich nicht verunsichern. Auch in deiner Muttersprache verstehst du manchmal ein Wort nicht (z.B. weil es zu leise ist) und verstehst trotzdem den Sinn.
- Die Aufgaben haben die gleiche Reihenfolge wie der Hörtext.
- Markiere beim ersten Hören die Lösung. Wenn du nicht sicher bist, mach ein Fragezeichen.
- Beim zweiten Hören kontrollierst du deine Antworten. Konzentriere dich besonders auf die Aufgaben mit deinen Fragezeichen.

! Auch wenn du unsicher bist: Ordne jeder Aufgabe ein „richtig" oder „falsch" zu.

Du hörst eine Reportage im Schülerradio. Ron Welke erzählt von seinem Experiment am Kauf-Nix-Tag.
Lies zuerst die Aufgaben 1–5. Du hast dafür eine Minute Zeit.
Höre dann die Reportage. Löse die Aufgaben beim Hören.
Wähle bei jeder Aufgabe die richtige Lösung (a oder b oder c).
Hör danach die Reportage noch einmal.

1. Ron Welke
   a organisiert den Kauf-Nix-Tag.
   b macht beim Schülerradio mit.
   c hat wenig Geld.

2. Am Kauf-Nix-Tag darf man
   a nichts kaufen.
   b nicht zu Hause bleiben.
   c kein Geld ausgeben.

3. Ron fährt am Kauf-Nix-Tag
   a mit dem Fahrrad zur Schule.
   b nicht zur Schule.
   c mit dem Bus zur Schule.

4. Ron lässt sich nicht zum Essen einladen, weil
   a er Sabine nicht mag.
   b auch sie kein Geld für ihn ausgeben darf.
   c er lieber sein Sandwich isst.

5. Die Mitschüler von Ron
   a möchten, dass er Geld ausgibt.
   b finden den Kauf-Nix-Tag blöd.
   c machen auch beim Kauf-Nix-Tag mit.

3 Lesen – Sachtext

Tipp

- Bei dieser Aufgabe sollst du den Text genau verstehen.
- Ganz wichtig: Du musst die Aussagen 1–5 besonders **genau** lesen.
- Lies den Text einmal schnell. So kannst du dich im Text orientieren.
- Lies nun genau. Wähle Schritt für Schritt für jede Aussage *richtig* oder *falsch*.
- Die Aufgaben haben die gleiche Reihenfolge wie der Lesetext.
- Wenn du bei einer Aussage nicht sicher bist, dann markiere sie mit Fragezeichen.
- Löse zuerst die anderen Aufgaben. Komm danach zu der Aufgabe mit deinen Fragezeichen zurück.
- Zum Schluss musst du für alle Aufgaben eine Lösung ausgewählt haben.

Lies den Text und die Aufgaben (1–5).
Wähle bei jeder Aufgabe (1–5) *richtig* oder *falsch*.

Das 50/50 Projekt

Mehr als 3500 Schulen in Deutschland nehmen an dem Energiesparprojekt 50/50 teil. Die Schulen versuchen, Energie zu sparen. Von dem Geld, das die Schule dadurch spart, darf sie 50 % selbst behalten und 50 % bekommt die Stadt, die die Stromrechnung bezahlt.

Durch die Initiative sind die Themen „Energiesparen und Klimaschutz" dauernd in den Schulen präsent. Nicht nur in vielen Unterrichtsfächern wird darüber gesprochen, sondern auch bei Projekttagen und Elternversammlungen.

Wie kann man Energie in der Schule sparen? Schüler, Lehrer und Hausmeister versuchen, Energie in der Form von Strom und Wärme zu sparen. Es geht meistens nicht um Dinge, die sehr viel Geld kosten, wie z. B. eine neue Heizung oder neue Fenster, sondern um die kleinen Veränderungen im Alltag, die Energie sparen. Man hat z. B. die alten Lampen durch Energiesparlampen ersetzt und so mehr als 50 % der Kosten für Licht eingespart.

Wenn ein Klassenzimmer nicht benutzt wird, kann man das Licht ausmachen. Die Schüler und Lehrer haben auch gelernt, dass es besser ist, in der Pause kurz alle Fenster aufzumachen, um frische Luft zu bekommen, und nicht einzelne Fenster die ganze Zeit offen zu lassen.

Mit Hilfe von Eltern haben manche Schulen Solaranlagen installiert und produzieren einen Teil ihres Stroms selbst. Arbeitsgemeinschaften kümmern sich um die Anlagen.

Wie kann man an 50/50 teilnehmen?
Die Schule und der Schulträger (die Stadt) unterschreiben einen Vertrag. Der Schulträger berechnet dann den Energieverbrauch und die Energiekosten von den letzten Jahren. Dieser Betrag ist der Startwert. Die Schule organisiert dann die Energiesparmaßnahmen. Am Ende des Jahres berechnet man, wie viel Energie man gespart hat und von diesem Geld bekommt die Schule 50 %.

1. Die Schulen können durch Energiesparen Geld verdienen.	richtig	falsch
2. „Energiesparen" ist an 3.500 Schulen ein Unterrichtsfach.	richtig	falsch
3. Zuerst erneuert man die Heizungen.	richtig	falsch
4. An der Energiesparaktion nehmen nicht nur die Schüler/innen teil.	richtig	falsch
5. Im Dezember stellt man dann fest, wie viel Energie man weniger verbraucht hat.	richtig	falsch

4 Meinungen und Argumente

a Eine sachliche Begründung für eine Meinung nennt man „Argument".
Lies die Äußerungen zum Thema „Sich im Umweltschutz engagieren".
Was sind Argumente? Was sind Meinungen?
Wenn du im Buch markieren darfst, dann markiere die Meinungsäußerung rot und das Argument grün.

Martha

Ich denke nicht, dass man als Einzelner etwas für die Umwelt tun kann. Es nützt nicht viel, wenn z. B. nur ich alleine Wasser spare. Das hat kaum Auswirkung auf die Umwelt. Es ist wichtig, dass die Politiker bessere Gesetze machen.

Lana

Es ist wichtig, sich mit anderen gemeinsam für den Schutz der Umwelt einzusetzen. Wenn wir mit unserer Naturschutzorganisation eine Aktion machen, dann können wir das Verhalten von vielen Menschen ändern.

Marwan

Auch kleine Dinge, wie z. B. das Licht ausschalten, wenn man aus dem Zimmer geht, helfen dabei, die Umwelt zu schützen. Und wenn viele Leute ein bisschen tun, dann ist es zusammen viel. Deshalb finde ich, dass jeder bei sich selbst anfangen muss.

Kai

Umweltschutz finde ich nicht wichtig, denn die Natur hat schon so lange existiert, sie wird auch weiter existieren. Sie braucht uns Menschen nicht.

b Gib die Meinungen und Argumente von Martha, Lana, Marwan und Kai mit eigenen Worten wieder.

Meinungen und Argumente wiedergeben.
… sagt, dass …
… meint, dass …
… findet richtig/falsch/wichtig/gut/…, dass …
… lehnt … ab.

c Mach eine Tabelle mit Pro- und Kontra-Argumenten. Was ist deine Meinung? Entscheide dich für Pro oder Kontra.

PRO	KONTRA
gemeinsam kann man etwas ändern	nur die Politik kann etwas ändern

d Eine Meinung begründen und anschaulich formulieren. Wähle aus jeder Kategorie eine Formulierung aus und schreib drei Sätze zu deiner Meinung.

die eigene Meinung sagen	die Meinung begründen	das Argument veranschaulichen
Ich finde es gut, …	…, weil …	Zum Beispiel …
Ich glaube, dass …	Aus diesem Grund …	Ich möchte ein Beispiel anführen: …
Ich bin dafür, dass …	… nämlich …	Nach meiner Erfahrung …

e Gegenargumente – Wähle eine Formulierung aus und schreib einen Satz.

Ein Gegenargument nennen
Viele sagen, dass … Aber …
Das ist natürlich richtig, aber man muss auch berücksichtigen, dass …

Obwohl … , muss man auch sehen, dass …
Das ist natürlich richtig. Trotzdem …

f Schreib einen zusammenhängenden Text zum Thema „Sich im Umweltschutz engagieren". Gib die vier Meinungen von Seite 62 wieder. Schreib deine Meinung, begründe sie und veranschauliche sie mit Beispielen.

5 Sprechtraining – Emotionen zeigen, emotional sprechen

a Hör zu und sprich nach.

1.	2.	3.	4.
– Wirklich? – Das glaub ich nicht. – Echt?	– Ach, was soll ich nur tun? – Ach du jee. – Oh nein!	– Wie meinst du das? – Von wegen! – Was soll das denn?	– Gott sei Dank! – Uff, das ist noch mal gutgegangen! – Glück gehabt.

b Hör noch einmal und ordne die vier Emotionen zu.

Schreck/Entsetzen | Erleichterung | Ärger | Überraschung

c Erfindet Minidialoge und verwendet die Ausdrücke aus 5a.

d Wenn ihr den „Zauberlehrling" auf Seite 64 hört, dann überlegt:
Wo kommen die Emotionen *Überraschung, Entsetzen, Ärger, Erleichterung* vor?
Denke dabei nicht an die Ausdrücke aus 5a, sondern an die Gefühle.

Literatur

Johann Wolfgang von Goethe: Der Zauberlehrling

Hat der alte Hexenmeister
Sich doch einmal wegbegeben!
Und nun sollen seine Geister
Auch nach meinem Willen leben.
5 Seine Wort' und Werke
Merkt ich und den Brauch,
Und mit Geistesstärke
Tu ich Wunder auch.
Walle! walle
10 *Manche Strecke,*
Dass, zum Zwecke,
Wasser fließe
Und mit reichem, vollem Schwalle
Zu dem Bade sich ergieße.
15 Und nun komm, du alter Besen!
Nimm die schlechten Lumpenhüllen;
Bist schon lange Knecht gewesen:
Nun erfülle meinen Willen!
Auf zwei Beinen stehe,
20 Oben sei ein Kopf,
Eile nun und gehe
Mit dem Wassertopf!
Walle! walle
Manche Strecke,
25 *Dass, zum Zwecke,*
Wasser fließe
Und mit reichem, vollem Schwalle
Zu dem Bade sich ergieße.
Seht, er läuft zum Ufer nieder,
30 Wahrlich! ist schon an dem Flusse,
Ist er hier mit raschem Gusse.
Schon zum zweiten Male!
Wie das Becken schwillt!
Wie sich jede Schale
35 Voll mit Wasser füllt!
Stehe, stehe!
Denn wir haben
Deiner Gaben
Vollgemessen! –
40 Ach, ich merk es! Wehe! wehe!
Hab ich doch das Wort vergessen!
Ach, das Wort, worauf am Ende
Er das wird, was er gewesen.
Ach, er läuft und bringt behende!
45 Wärst du doch der alte Besen!
Immer neue Güsse
Bringt er schnell herein,
Ach! und hundert Flüsse
Stürzen auf mich ein.
50 Nein, nicht länger
Kann ich's lassen;
Will ihn fassen.
Das ist Tücke!
Ach! nun wird mir immer bänger!
55 Welche Miene! welche Blicke!
O, du Ausgeburt der Hölle!
Soll das ganze Haus ersaufen?
Seh ich über jede Schwelle
Doch schon Wasserströme laufen.
60 Ein verruchter Besen,
Der nicht hören will!
Stock, der du gewesen,
Steh doch wieder still!
Willst's am Ende
65 Gar nicht lassen?
Will dich fassen,
Will dich halten
Und das alte Holz behende
Mit dem scharfen Beile spalten.

70 Seht, da kommt er schleppend wieder!
Wie ich mich nur auf dich werfe,
Gleich, o Kobold, liegst du nieder;
Krachend trifft die glatte Schärfe.
Wahrlich! brav getroffen!
75 Seht, er ist entzwei!
Und nun kann ich hoffen,
Und ich atme frei!
Wehe! wehe!
Beide Teile
80 Stehn in Eile
Schon als Knechte
Völlig fertig in die Höhe!
Helft mir, ach! ihr hohen Mächte!
Und sie laufen! Nass und nässer.
85 Wird's im Saal und auf den Stufen.
Welch entsetzliches Gewässer!
Herr und Meister! hör mich rufen! –
Ach, da kommt der Meister!
Herr, die Not ist groß!
90 Die ich rief, die Geister
Werd ich nun nicht los.
» In die Ecke,
Besen! Besen!
Seid's gewesen.
95 Denn als Geister
Ruft euch nur, zu seinem Zwecke,
Erst hervor der alte Meister. «

Das könnt ihr mit dem Gedicht tun:

1. Das Gedicht zuerst hören, dann lesen und unbekannte Wörter klären.
2. Das Gedicht mit verteilten Rollen in der Klasse lesen.
3. Das Gedicht als Theaterstück spielen.
4. Im Internet nach Bildern und Filmen zu dem Gedicht suchen.
5. Diskutieren: Das Gedicht ist über 200 Jahre alt. Ist es heute noch aktuell?

12 Technik

Das lernst du

- Über Materialien sprechen
- Sagen, wie und von wem etwas gemacht wird
- Eine Diskussion führen
- Einen Leserbrief schreiben

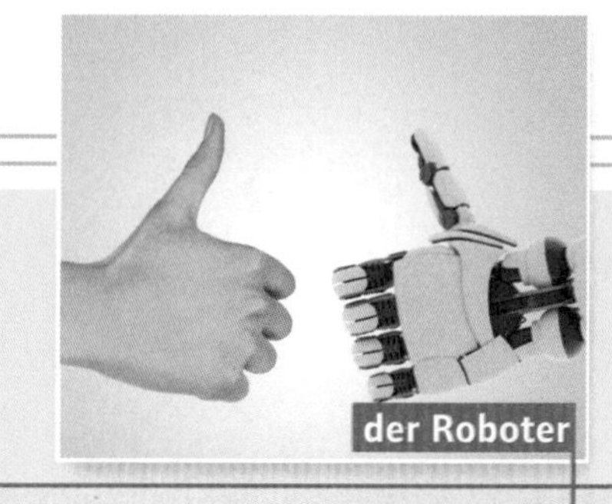

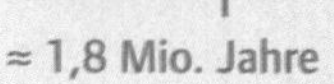

≈ 1,8 Mio. Jahre | ≈ 6000 Jahre | 18. Jahrhundert | 19. Jahrhundert | 20./21. Jahrhundert

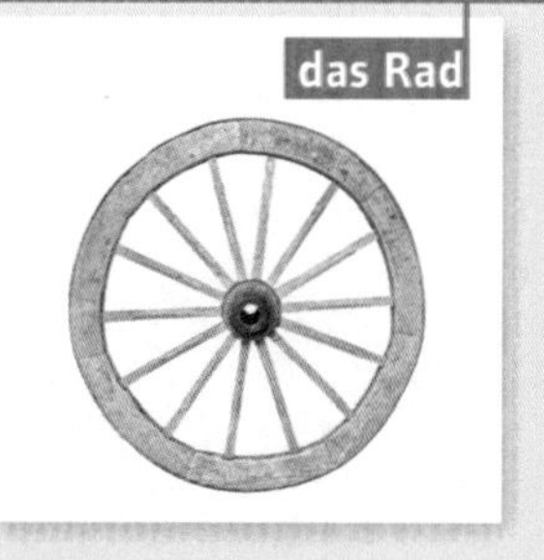

 Millionen Jahre Technik

a Schreibt zu zweit die Sätze zu Ende.

1. Der Faustkeil war eine wichtige Erfindung, weil …
2. Seit man das Rad hat, kann man …
3. Die Dampfmaschine war die erste Maschine, die …
4. Durch den elektrischen Strom kann man …
5. Mit Robotern kann man …

b Materialien – Arbeitet zu zweit und sammelt Wörter für Gegenstände aus Stein, Holz, Ton, Metall, Wolle, Baumwolle, Leder und Plastik/Kunststoff.

Die ersten Werkzeuge und Gegenstände des Alltags waren aus Stein und aus Holz. Viele Tausend Jahre später lernten die Menschen, Metall zu bearbeiten. Plastik gibt es erst seit etwa 120 Jahren.

c Womit konnte man was machen? Was ist heute anders als früher? Sammelt und sprecht danach in der Klasse. Wenn ihr ein Wort nicht kennt, schlagt im Wörterbuch nach.

Mit Steinwerkzeugen konnte man Holz bearbeiten und Fleisch schneiden, aber Stein geht schnell kaputt. Heute haben wir Messer aus Metall und aus Kunststoff.

Kinderspielzeug war früher aus …

In Autos gibt es viele Materialien. Die Karosserie ist aus …

2 Eine Erfolgsgeschichte

a Arbeitet in Gruppen. Jede Gruppe liest einen Abschnitt. Fasst den Abschnitt zusammen und gebt ihm eine Überschrift.

1 Die ersten „Roboter" wurden bereits im 18. Jahrhundert konstruiert. Berühmte Mechaniker dieser Zeit erfanden Automaten, die tanzen, sprechen oder Schach spielen konnten. In Deutschland war der Baron von Kempelen berühmt. Er erfand einen Schach- 5 automaten und zeigte ihn in Vorführungen in der Öffentlichkeit. Der Automat spielte gegen Menschen Schach. Vor der Vorführung öffnete Baron von Kempelen die Maschine, um zu zeigen, dass sie leer war. Tatsächlich aber versteckte sich ein Mensch darin. Dieser Schachautomat war eine geschickte Täuschung.

10 2 Viele Schriftsteller waren von der Idee eines künstlichen Menschen fasziniert. So zum Beispiel E. T. A. Hoffmann oder Isaac Asimov. Auch in vielen Filmen spielen Roboter eine wichtige Rolle. Der erste Roboter trat 1927 in dem Film 15 „Metropolis" von Fritz Lang auf. Seitdem spielten Roboter in vielen Filmen mit, von „Star Wars" und „Terminator" bis zu „Ex-Machina".

3 Das Wort „Roboter" wurde zum ersten Mal 1921 in einem Theaterstück des tschechischen 20 Autors Capek verwendet. Es kommt von dem tschechischen Wort „robota", das so viel wie „Arbeit" bedeutet. Berühmt wurde der Begriff danach durch den russischen Science Fiction Autor Isaac Assimov.

25 4 1962 wurde der erste Industrie-Roboter in der Autoproduktion in den USA eingesetzt. Heute werden weltweit viele Millionen Roboter in fast allen Industriezweigen eingesetzt. Von der Europäischen Union werden Forschungs- 30 arbeiten gefördert, die es möglich machen sollen, Roboter auch für einfache Arbeiten in Krankenhäusern einzusetzen, z. B. beim Krankenbettentransport, bei der Essensausgabe oder bei Reinigungsarbeiten. Auch im Haushalt gibt es immer mehr Roboter. Aber der technische 35 Fortschritt bringt auch neue Probleme. Wissenschaftler glauben, dass in den nächsten Jahrzehnten bis zu 50 % aller heutigen Arbeitsplätze durch Roboter besetzt werden.

b Lies jetzt den ganzen Text. Stehen die Aussagen 1–6 so im Text? Korrigiere die Fehler.

1. Im 18. Jahrhundert gab es die ersten Roboter, die man in der Industrie einsetzen konnte.
2. Baron von Kempelen hat bei seinen Vorführungen alleine gearbeitet.
3. Bevor es echte Roboter gab, konnte man Roboter im Film sehen.
4. Das Wort „Roboter" kommt aus der tschechischen Sprache.
5. Es gibt heute viele Millionen Roboter.
6. Roboter sind ein Fortschritt, weil sie den Menschen die Arbeit abnehmen.

3 Überall werden immer mehr Roboter eingesetzt.

Lies das *Denk nach* und suche im Text die entsprechenden Passivsätze.

Denk nach

Passiv:	**werden**	+	**Partizip**
	Position 2		Ende
Jetzt	werden	Roboter …	eingesetzt.
Der erste Roboter	wurde	im 18. Jahrhundert	konstruiert.

Präteritum von *werden*	
ich/er/es/sie/man	wurde
du	wurdest
wir/sie/Sie	wurden
ihr	wurdet

1. Im 18. Jahrhundert konstruierte man die ersten Roboter.
2. Man verwendete das Wort „Roboter" zum ersten Mal in einem Theaterstück.
3. 1962 setzte man den ersten Industrie-Roboter in der Autoindustrie ein.
4. In Europa fördert man Forschungsarbeiten zu Robotern in Krankenhäusern.
5. In der Zukunft können Roboter immer mehr Arbeitsplätze besetzen.

Die ersten Roboter wurden …

4 Von wem wird was gemacht?

a In Zukunft und heute – Ergänze die Sätze.

1. In Zukunft werden kranke Menschen von Robotern gepflegt. Heute …
2. In Zukunft werden Autos von Robotern gelenkt. Heute …
3. In Zukunft werden Menschen von Robotern operiert. Heute …
4. In Zukunft wird die Wohnung von Robotern gereinigt. Heute …
5. In Zukunft wird der Rasen von Robotern gemäht. Heute …
6. In Zukunft wird das Essen von Robotern gekocht. Heute …

Heute werden kranke Menschen von Krankenpflegern gepflegt.

b Schreib die Sätze im Passiv.

1. entwickeln / immer bessere Roboter / .
2. brauchen / für die Produktion / die neueste Computertechnik / .
3. einsetzen / Roboter / für gefährliche Tätigkeiten / .
4. schreiben / Briefe / heute meistens / mit dem Computer / .
5. Autos / heute / zu großen Teilen / automatisch / bauen / .
6. Autos / bald / von Computern / fahren .

Immer bessere Roboter werden …

c Schreib drei Sätze über Dinge, von denen du glaubst, dass sie in Zukunft anders gemacht werden.

Ich glaube, dass in Zukunft Handys nicht mehr gebraucht werden, weil alle einen Chip im Kopf haben.

5 Diskussion: Lernen ohne Lehrer?

a Lies den Zeitungsartikel. Welche Überschrift passt am besten?

Schulen kosten zu viel

Neues Schulmodell wird erprobt

Mehr Prüfungen, weniger Unterricht

Köln 5.5.2035. – Schule ist zu teuer geworden. Jede Schule braucht große Gebäude, einen Pausenhof und viele Lehrer/innen und Angestellte. Viele Schulen haben auch eine Bibliothek, Sportanlagen und eine Kantine. Das kann sich niemand mehr leisten. Deshalb wurde ein neues Modell entwickelt: die Schule auf dem Schreibtisch (SADS). Die Schüler bleiben zu Hause, lernen in Lernräumen im Internet und schicken ihre Hausaufgaben an eine zentrale Korrekturstelle. Sie arbeiten zeitweise auch über virtuelle Klassenzimmer zusammen. Alle zwei Monate müssen sie zu einer Prüfungsstelle kommen und Prüfungen in allen Fächern ablegen. Im kommenden Schuljahr wird dieses Modell an 10 Schulen in ganz Deutschland erprobt.

b Findest du das neue Schulmodell gut? Warum (nicht)?

c **Eine Diskussion vorbereiten – Bildet drei Gruppen.**
Gruppe 1: Diskussionsleitung,
Gruppe 2: pro, Gruppe 3: kontra.

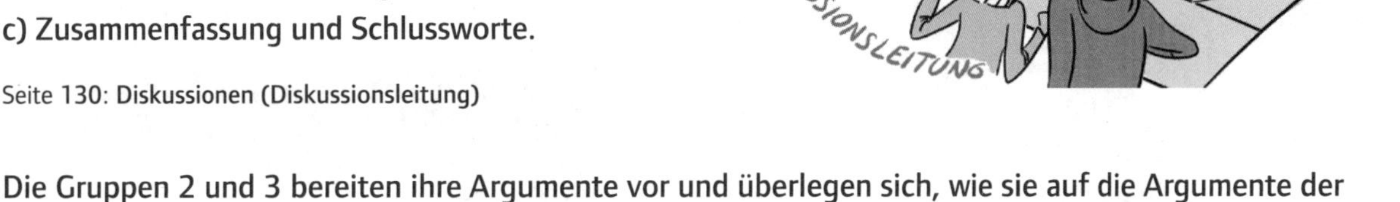

Gruppe 1 bereitet die Diskussion vor:
a) Einleitende Worte
b) Wie soll die Diskussion organisiert werden?
c) Zusammenfassung und Schlussworte.

Ⓡ Seite 130: Diskussionen (Diskussionsleitung)

Die Gruppen 2 und 3 bereiten ihre Argumente vor und überlegen sich, wie sie auf die Argumente der anderen Gruppe reagieren können.

Ⓡ Seite 130: Diskussionen

6 Leserbrief

In einer Zeitschrift findet eine Diskussion zum Thema „Schule ohne Lehrer" statt.
Schreib einen Leserbrief dazu: Gib drei Meinungen aus deiner Klasse wieder. Schreib deine Meinung, begründe sie und gib ein Beispiel.

Einige in der Klasse haben gesagt, dass … Die meisten in der Klasse haben gesagt, dass …	Andere meinten, dass … Ich finde wichtig, dass …

Ⓡ Seite 132: formelle Briefe

7 Was kann ein persönlicher Roboter machen?

a **Ana kennt einen Erfinder, der für sie einen persönlichen Roboter (PR) erfunden hat.**

1. Sie trägt ihre Tasche nicht mehr selbst.
   Sie lässt ihren PR die Tasche tragen.
2. Sie kocht sich den Kaffee nicht mehr selbst.
   Sie lässt ihren PR …
3. Sie holt ihr Handy nicht selbst. …
4. Sie sucht ihren Schlüssel nicht selbst. …
5. Sie holt sich ihre Cola nicht mehr selbst. …

b **Selbsterfahrung und Phantasie – Wähle Aktivität A oder B aus. Mach Notizen und stell deine Erfahrungen der Klasse vor.**

A

Versuche, einen Tag mit möglichst wenig Computertechnik zu leben.
Worauf kannst du verzichten, worauf nicht?

Meine Zahnbürste ist elektronisch.
Deshalb musste ich meine Zähne mit einer Handzahnbürste putzen.
Ich brauche Computertechnik beim …

B

Anas Erfinder baut etwas für dich.
Wofür kannst du etwas brauchen?
Was würdest du machen lassen?
Beschreib einen Tag mit deiner Erfindung.

Ich fände es schön, wenn …
Dann müsste ich nicht mehr … und hätte viel mehr Zeit, um … zu …
In dieser Zeit könnte ich …

13 Mach keinen Stress!

Das lernst du

- Über Konflikte sprechen
- Streitgespräche führen
- Über Mediation sprechen

1 Konflikte

a Worum geht es auf den Fotos? Was sagen die Jugendlichen? Arbeitet in Gruppen.

Sie streiten miteinander, weil …

Er/Sie wirft ihm/ihr vor, dass …

Sie streiten über/um …

Er/Sie behauptet vielleicht, dass …

b Hört die drei Dialoge und ordne sie den Fotos zu. Waren eure Vermutungen richtig?

c Welche Konflikte kennt ihr? Sammelt Beispiele.

in der Schule – mit Freunden – mit den Geschwistern – mit …

d Zu welchen Situationen oben passen die Äußerungen 1–9 aus den Dialogen?

1. Dass ich nicht lache.
2. Du falsche Schlange.
3. Das kannst du vergessen.
4. Du nervst!
5. Halt doch mal die Klappe!
6. Du spinnst wohl!
7. Hau ab, das ist mein Stuhl!
8. Jetzt mal langsam.
9. Komm, stell dich nicht so an.

e Hör die Dialoge noch einmal. Mach Notizen und gib einen Streit wieder.

In Dialog … streiten …
Sie/Er ärgert sich, weil …
Sie schreit, sie ist ärgerlich/zornig/wütend …
Keine/r will nachgeben.
… hat recht / hat nicht recht
Ich finde, … ist schuld an dem Streit.

2 Das ist nicht mein Problem, das ist deins!

a Lies das *Denk nach* und ergänze den Dialog. Hör zur Kontrolle.

■ Das darf doch nicht wahr sein. Sag mal, ist das mein Rock?
● Ehm, komm, stell dich nicht so an, weißt du – **m...** ist gerade in der Wäsche und heute ...
■ Ach, immer ist irgendwas, immer ziehst du einfach meine Klamotten an, kauf dir doch selbst **w...**, du kriegst genauso viel Taschengeld wie ich. Wenn du nichts zum Anziehen hast, ist das doch nicht mein Problem, das ist **d...**

Denk nach

	m	n	f	Plural
N	einer keiner	eins keins	eine keine	welche keine
A	einen keinen	eins keins	eine keine	welche keine
D	einem keinem	einem keinem	einer keiner	welchen keinen

mein-/dein- ... funktionieren wie *kein-*

b Schreibt und spielt Streitdialoge und führt sie in der Klasse vor.
mein Handy – meine Tasche – meine Socken – mein Stift – mein Buch – meine Kopfhörer ...

● Das darf doch nicht wahr sein, sag mal, ist das **mein** Handy?
■ Stell dich nicht so an, meins ist kaputt.
● Immer nimmst du meins, kauf ...
■ ...

3 Konflikte eskalieren oder beruhigen

a Ordne zu. Es gibt mehrere Lösungen. Begründe deine Meinung.

1. Je lauter man schreit,
2. Je mehr man nachgibt,
3. Je selbstbewusster man ist,
4. Je ruhiger man bleibt,
5. Je nervöser man ist.

a) desto stärker wird der oder die andere.
b) desto leichter setzt man sich durch.
c) desto aggressiver wird der oder die andere.
d) desto leichter löst man den Konflikt.
e) desto unkontrollierter wird der oder die andere.

b *Je ... desto* – Ergänze das *Denk nach*. Wo steht der Haupt- und wo der Nebensatz?

Denk nach

(1) ... satz	(2) ... satz
Je selbstbewusster man **ist**,	desto leichter **setzt** man sich durch.

c Schreibt drei *je*-Sätze auf einen Zettel. Tauscht die Zettel und schreibt eine *desto*-Fortsetzung. Lest dann die Sätze vor und diskutiert sie.

viel weinen – sich viel ärgern – leicht verlieren – leicht gewinnen – leicht einen Streit anfangen – schwer/leicht/schnell den Streit beenden – schwer/leicht/schnell nachgeben – eine gute Lösung finden – viel Gewalt einsetzen – sich leicht durchsetzen – viel/wenig erreichen ...

Je mehr man weint, desto besser kann man sich durchsetzen.

Ich finde, je mehr man weint, desto weniger kann man erreichen.

Das stimmt doch nicht. Wenn man weint, dann ...

Das kommt darauf an.

DIERÄUBER.ORG

Schüler/innenzeitung der Schillerschule

Aktuelles
Aus der Schule ↓
- Streit vermeiden
- Klassensprecherwahl
- Neue Kurse
- Kann man Mathe lernen?

Aus dem Leben

Projekte
Pinnwand

Wer sind die Räuber

Kontakt

Impressum

Neu an unserer Schule: Streitschlichter/innen

Streit auf dem Pausenhof? Das muss jetzt nicht mehr ein Lehrer oder eine Lehrerin lösen. Das machen wir selbst! 10 Schüler und Schülerinnen unserer Schule haben eine Ausbildung zum Streitschlichter gemacht.

Einmal in der Woche haben sich die Schüler und Schülerinnen mit Frau Schawan und Herrn Baum, den betreuenden Lehrern, getroffen und gelernt, wie man Konflikte erkennt und behandelt und wie man Hintergründe erfragt. Sie haben richtiges Zuhören trainiert, Gesprächstechniken geübt und Lösungswege kennengelernt.
Wenn ihr Konflikte mit Freunden oder Lehrern habt, könnt ihr zu den Mediatoren gehen. Sie helfen euch, eure Probleme zu lösen. Ihr erklärt ihnen zuerst genau euer Problem. Wenn sie wissen, was los ist, können sie euch vielleicht Wege zeigen, wie ihr mit dieser Situation umgehen könnt.
Sie lösen eure Probleme nicht. Sie helfen euch, die Probleme selbst zu lösen! Ihr braucht keine Angst zu haben, dass die Mediatoren weitererzählen, was ihr ihnen gesagt habt. Das dürfen sie nicht, weil sie Schweigepflicht haben!

4 Mediatoren in der Schule

a Lies den Text und notiere die wichtigsten Informationen: Wer, wann, was …?

b Lies noch einmal und ordne die Wörter den Erklärungen 1–5 zu.

1. Schweigepflicht	a) einen Konflikt beenden
2. betreuende Lehrer/innen	b) sie dürfen nichts sagen
3. Hintergründe	c) die Art und Weise, wie man ein Gespräch führt
4. Gesprächstechniken	d) Lehrer/innen, die den Schüler/innen helfen
5. Streit schlichten	e) man sieht sie erst, wenn man sich intensiver mit einem Problem beschäftigt

c Gibt es Schülermediatoren bei euch? Wie wird Streit geschlichtet?

5 Regeln für eine Mediation

a Lies A–E und ordne die Texte den Phasen 1–5 auf Seite 72 zu.

A In dieser Phase versucht der Mediator, den Konflikt zu verstehen. Ein Konflikt hat meistens Hintergründe: Ängste, Bedürfnisse oder Probleme, die man auf den ersten Blick nicht sieht. Eine gute Übung ist es, wenn die Teilnehmer einmal versuchen, „in den Schuhen des anderen zu gehen". Damit wird das Verständnis für die andere Seite besser.

D Die (Konflikt-)Teilnehmer erzählen nacheinander den Konflikt aus ihrer Perspektive. Der Mediator muss jetzt besonders auf die Grundregeln achten, weil beide Parteien meistens sehr aufgeregt sind und sich gegenseitig häufig unterbrechen wollen. Der Mediator muss genau zuhören und die Aussagen und Gefühle der Teilnehmer zusammenfassen.

E Wenn alle den Konflikt verstanden haben, beginnen die Teilnehmer, über eine Lösung des Problems nachzudenken. Zunächst werden viele Möglichkeiten gesammelt und dann wird diskutiert. Wichtig ist nicht, dass der Mediator die Lösung findet, sondern dass die Teilnehmer zu einer Einigung kommen. Keiner soll sich als Sieger oder Verlierer fühlen.

B Um den Streit auf Dauer zu beenden, gehört zur Mediation eine letzte Phase: die schriftliche Vereinbarung / der Vertrag. Der Mediator muss dabei auf klare Formulierungen und eine positive Sprache achten. Bevor die Streitparteien den Vertrag unterschreiben, liest der Mediator ihn laut vor.

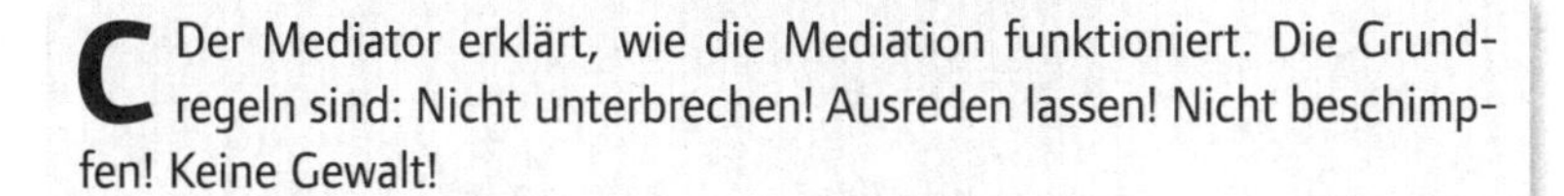
C Der Mediator erklärt, wie die Mediation funktioniert. Die Grundregeln sind: Nicht unterbrechen! Ausreden lassen! Nicht beschimpfen! Keine Gewalt!

b Lies die Regeln noch einmal und entscheide für 1–6: richtig oder falsch. Korrigiere die falschen Aussagen.

1. Die Hintergründe eines Konflikts sind für die Mediation nicht wichtig.
2. Der Mediator / Die Mediatorin sagt, was gut und was schlecht ist.
3. Zum Abschluss der Mediation schreiben die Teilnehmer/innen auf, wie sie den Streit beenden wollen.
4. Bei jeder Mediation gibt es am Ende einen Verlierer und einen Sieger.
5. Der Mediator / Die Mediatorin muss aufpassen, dass sich die Teilnehmer/innen gegenseitig ausreden lassen.
6. Der Mediator / Die Mediatorin muss genau verstehen, was die Teilnehmer/innen meinen.

6 Aussagen von Daniel, Maja und Annika

a Hör zu und mach Notizen. Welche Erfahrungen haben Daniel, Maja und Annika mit der Schülermediation gemacht?

Annika: gut, kleinere Geschwister, ...

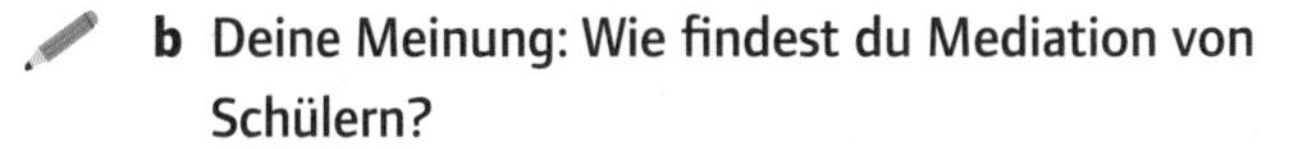
b Deine Meinung: Wie findest du Mediation von Schülern?

Ⓡ Seite 130: Argumente formulieren, Meinungen äußern

14 Sport und Spaß

Das lernst du

- Über Extremsport sprechen
- Jemanden überzeugen
- Über Frauen- und Männersportarten sprechen
- Über eine Grafik sprechen

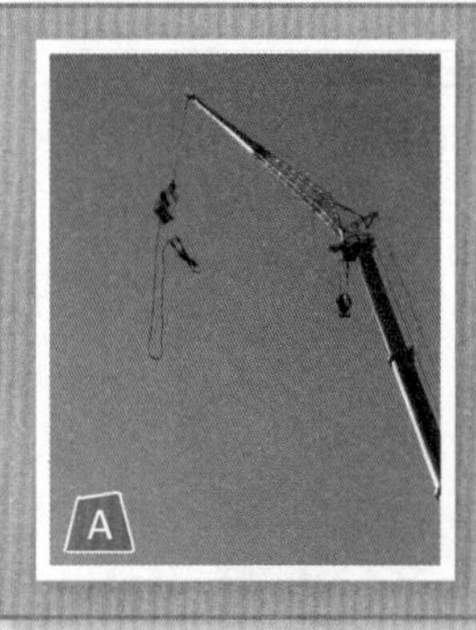

Lars – Letzte Woche habe ich meinen ersten Bungeesprung gemacht. Ich bin von einer Brücke gesprungen. Beim Bungeespringen hat man ein Gummiseil an den Füßen. Man stürzt sich in die Tiefe und schwingt dann durch die Elastizität des Seils mehrfach rauf und runter. Der Sprung war ein sehr beeindruckendes Erlebnis. Ich hatte ihn mir nicht so toll vorgestellt.

Funda – Ich liebe klettern. Deshalb habe ich mir zum Geburtstag einen Freeclimbing-Kurs gewünscht und meine Freunde haben ihn mir tatsächlich geschenkt. Beim Freeclimbing klettert man ohne Hilfsmittel. Nur ein Sicherungsseil ist erlaubt. Es ist eine Sportart, bei der man sehr viel Selbstvertrauen gewinnt.

Tito – Nächste Woche mache ich bei meinem ersten Triathlon mit. Er besteht für Jugendliche ab 17 aus 750 m Schwimmen, meistens durch einen See, dann sofort auf das Rad und 20 km Radfahren und zum Abschluss noch 5 km Laufen. Schon beim Training merke ich, wie mein Selbstwertgefühl wächst.

Zoe – Ich fahre schon lange Kanu, aber auf einem wilden Fluss zu fahren, ist besonders schwierig und gefährlich. Man muss eine gute Ausrüstung haben und wichtige Regeln beachten. Mein Bruder hat sie mir erklärt und dann ging es los. Es war toll!

1 Extremsport

a Was bedeutet „extrem"? Was kann extrem sein? Gib Beispiele.

b Lies die Texte und korrigiere die Aussagen 1–6.

1. Beim Bungeespringen hat man ein Gummiseil um den Bauch.
2. Funda gibt Kurse für Freeclimbing.
3. Beim Freeclimbing klettert man ohne jede Sicherheit.
4. Beim Triathlon muss man zuerst 20 km schwimmen und am Ende Ski fahren.
5. Tito hat nach jedem Training mehr Angst vor dem Wettbewerb.
6. Kanufahren ist nicht gefährlich, wenn man eine gute Ausrüstung hat.

c Was ist wichtig bei diesen Sportarten?

Mut haben – verrückt sein – Konzentration haben – Kraft haben – gut trainiert sein – die Regeln beachten – gut im Team arbeiten – mit der Angst fertig werden – Kondition haben – nicht aufgeben

Beim Bungeespringen muss man mit der Angst fertig werden.

Beim Triathlon darf man nicht …

d Beschreib eine Extremsportart, die du magst. Erkläre, warum sie deiner Meinung nach „extrem" ist.

e Zwei Pronomen als Ergänzungen – Lies die Texte noch einmal. Ergänze das *Denk nach*.

Denk nach

Ich hatte mir **den Sprung** nicht so toll vorgestellt. Freunde haben mir **den Kurs** geschenkt.	Ich hatte … mir nicht so toll vorgestellt. Freunde haben … mir geschenkt.

f Schreib die Sätze mit beiden Ergänzungen als Pronomen. Achte auf die Reihenfolge.

1. Mein Bruder hat mir die Spielregeln erklärt.
2. Mein Vater hat mir das Mountainbike geschenkt.
3. Ich habe mir das Klettern nicht so anstrengend vorgestellt.
4. Hassans Bruder hat ihm das Computerspiel gezeigt.

2 Interview

a Lies die Interviewfragen und die Stichworte rechts. Hör zu und mach Notizen zu den Sätzen 1–4.

1. Wie bist du zu dieser Sportart gekommen (Freunde, Schule …)?
2. Warum hast du dich für diese Sportart entschieden? Was findest du daran interessant?
3. Wie häufig machst du diesen Sport?
4. Ist dein Sport gefährlich? Hast du dich schon einmal verletzt?

Spaß • Langeweile • Kick • mit eigenen Ängsten fertig werden • Glücksgefühl • Gefühl von Freiheit …

b Sucht euch je einen Extremsportler von Seite 74 aus oder erfindet einen. Arbeitet zu zweit. Fragt euch gegenseitig. Die Fragen in 2a helfen.

Welche Sportart machst du?

River-Rafting.

Wie hast du das angefangen?

Ich war vor drei Jahren …

c Stellt eure Extremsportler in der Klasse vor.

Hannah macht River-Rafting. Früher fand sie das verrückt, aber dann ist sie zusammen mit ihrem Freund nach Österreich gefahren und …

Lars hat sich am Wochenende immer gelangweilt. Dann hat er im Fernsehen einmal Bungeespringen gesehen. Das war interessant. So hat er damit angefangen. Jetzt …

3 Jemanden überzeugen

a Diskutiert zu viert. Zwei sind pro und zwei sind kontra. Würdest du Extremsport machen? Welchen? Warum (nicht)?

Ich könnte gar nicht …, auch wenn ich …. würde.

Wenn ich … müsste, dann …

b Hör den Dialoganfang. Was möchte das Mädchen und was meint der Junge dazu?

c Schreibt den Dialog zu Ende. Spielt ihn vor.

Du solltest lieber …

Du könntest ja auch …

Dann müsstest du nicht …

4 Interview mit Steffi Jones

Steffi Jones war viele Jahre Mitglied der deutschen Frauennationalmannschaft und ist seit Ende 2016 deren Trainerin.

a Diese Wörter und Ausdrücke sind wichtig im Interview. Arbeitet zu zweit mit dem Wörterbuch. Jede Zweiergruppe erklärt der Klasse je einen Begriff aus Spalte A und B.

A	B
die Athletik	eine Entwicklung nehmen
die Einschaltzahlen (beim Fernsehen)	etwas ist der Fall
die Fernsehübertragung	etwas merken
die Herausforderung	etwas macht keinen Unterschied
die Leidenschaft	etwas spüren
die Rahmenbedingungen	etwas zulassen
der Respekt	für jemanden einstehen
die Taktik	gemessen an
die Technik (beim Fußball)	jemanden diskriminieren
das Tor / der Torpfosten	jemanden zu etwas bewegen
die Verhältnisse	sich persönlich entwickeln
der Werbevertrag	umgehen mit

b Hör das Interview mit Steffi Jones, der Trainerin der deutschen Frauennationalmannschaft. Mach Notizen zu folgenden Punkten:

- Wie ist Steffi Jones zum Fußball gekommen? Was hat sie zum Fußball gebracht? Was war ihr wichtig?
- Was sind die Unterschiede zwischen Männer- und Frauenfußball? Was ist gleich?
- Was kann ein Mädchen tun, wenn die Eltern gegen Fußballspielen sind?
- Welche Wünsche hat Steffi Jones für die Zukunft?

c Ergänze die Sätze mit Begriffen aus 4a.

1. Als Kind wurde Steffi Jones manchmal wegen ihrer Hautfarbe ... .
2. Bevor sie selbst mitspielen durfte, war Steffi als Kind ein ..., wenn ihr Bruder gespielt hat.
3. Unterschiede zwischen Männern und Frauen gibt es bei der Kraft und bei der ... .
4. Bei ... und ... macht es keinen Unterschied, ob Frauen oder Männer spielen.
5. Männliche Profis verdienen mehr und haben dazu noch bessere ... .

d Männer und Frauen im Sport – Lest die Fragen 1–4 und sammelt weitere Fragen. Sucht Antworten und diskutiert darüber.

1. Gibt es heute noch Frauensportarten/ Männersportarten?
2. Warum gibt es in der Formel 1 viele Fahrer und kaum Fahrerinnen?
3. Warum gibt es Synchronschwimmen bisher fast nur für Frauen?
4. In welchen Sportarten kann man in gemischten Teams spielen? In welchen ist das nicht möglich?

5 Spaß haben

a Was möchtest du über Freizeitaktivitäten von deutschen Jugendlichen wissen? Schreib Fragen wie im Beispiel.

Ich möchte wissen, ob deutsche Jugendliche viel ...
Mich würde interessieren, ob ...

b Lies die Grafik genau und beantworte die Fragen.
Wer hat an der Umfrage teilgenommen? Was war die Frage? Wer hat die Umfrage gemacht?

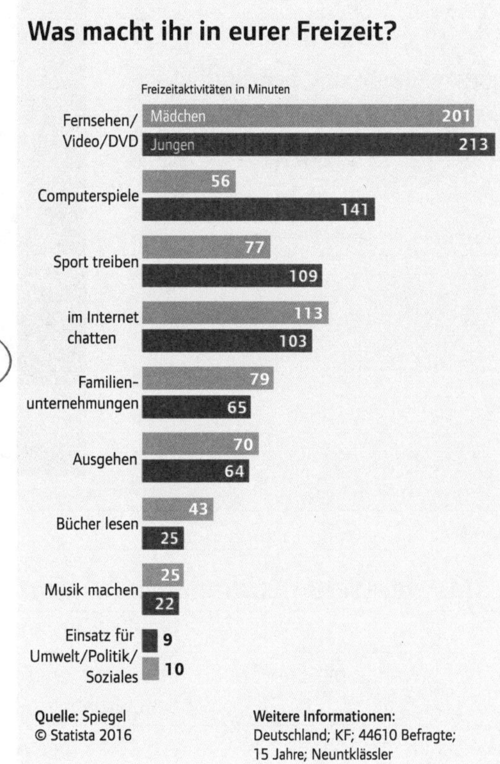

c Sprecht über die Ergebnisse der Umfrage.

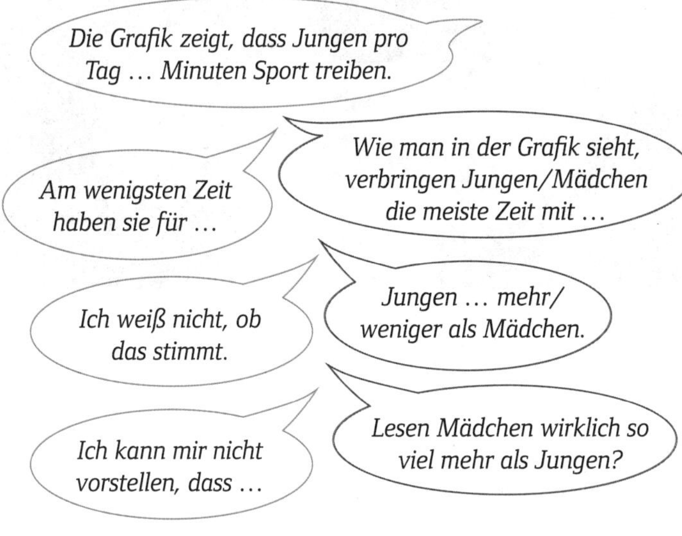

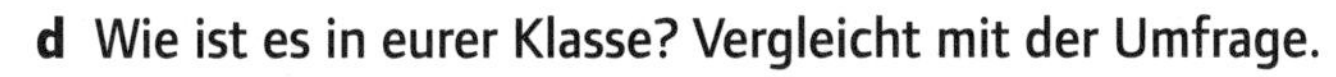

d Wie ist es in eurer Klasse? Vergleicht mit der Umfrage.

R Seite 130: Unsicherheit und Sicherheit, Statistiken und Grafiken

6 Ein Sonntag – ohne Sport

a Hör das Lied. Wie findet „Fettes Brot" den Sonntag?

15 Mitbestimmen

Das lernst du

- Über Mitbestimmung in Schulen sprechen
- Den Zweck von etwas nennen
- Meinungen äußern und begründen
- Einen Vortrag halten

www.walter-eucken-schule.de

Die SMV der Walter-Eucken-Schule informiert.

		Neu an der Schule? Wir erklären die SMV.
Was heißt überhaupt „SMV"?	»	Schülermitverantwortung oder Schülermitverwaltung – Das heißt, dass die Schüler/innen selbst Verantwortung für ihre Schule übernehmen.
Ist die Schule demokratisch? Kann man Lehrer wählen?	»	Wir dürfen bei einigen Fragen mitreden. Aber die Lehrer/innen dürfen wir nicht wählen. Die Direktion organisiert die Schule und entscheidet, welche Klasse welche Lehrer bekommt.
Und was ist dann demokratisch?	»	Die Schülervertretung nimmt an der Entwicklung der Schule teil. Sie ist ein bisschen so wie ein Parlament.
Und wer wählt die Schülervertretung?	»	Jede Klasse wählt ihre Klassensprecherin / ihren Klassensprecher und die Stellvertretung. Diese bilden dann zusammen die Schülervertretung.
Gibt es auch so etwas wie einen Bundeskanzler/eine Bundeskanzlerin?	»	Ja, so ähnlich. Die Schülervertreter wählen den/die Schulsprecher/in. Er/Sie vertritt die Interessen aller Schüler/innen gegenüber der Direktion und den Gremien der Schule.
Gibt es Parteien?	»	Nein. Natürlich gibt es in jeder Klasse Gruppen, die verschiedene Meinungen vertreten. Die Klassensprecher/innen müssen versuchen, die Interessen von allen zu vertreten und alle gut zu informieren.
Dürfen die Eltern auch mitbestimmen?	»	Ja. Es gibt eine Elternvertretung. Die funktioniert so ähnlich wie unsere Schülervertretung. Und es gibt ein paarmal im Jahr ein Treffen, die Schulkonferenz, wo Direktion, Lehrer/innen, Eltern und Schüler/innen über die Entwicklung der Schule diskutieren.

1 Das Parlament in der Schule

a Seht das Foto an. Was passiert hier?

b Arbeitet zu dritt. Wählt eine Frage und Antwort aus. Lest eure Frage und die Antwort genau und klärt unbekannte Wörter.

„Direktion" – das ist die Leitung von der Schule. Bei uns sind das Frau/Herr … und …

c Präsentiert eure Frage und die Antwort. Erklärt auch die unbekannten Wörter.

2 Ein Radiointerview mit zwei Schülervertretern

a Hör das Interview. Über welche Themen sprechen die Schüler/innen? Bring die Fotos in die richtige Reihenfolge.

A

B

C

D

b Hör noch einmal und ordne 1–5 und a–e zu.

1. Die SMV macht eine Schülerzeitung, …
2. Sie haben einen Poetry-Slam organisiert, …
3. Sie können mit den Lehrer/innen sprechen, …
4. Sie führen ein Paten-System ein, …
5. Sie engagieren sich, …

a) … um ausländischen Schülern/innen zu helfen.
b) … um ein Problem im Unterricht zu lösen.
c) … um auf dem Schulfest Spaß zu haben.
d) … um ihre Ideen zu verwirklichen.
e) … um die Schüler/innen zu informieren.

3 Wozu mache ich das?

a Lies die Sätze in 2b noch einmal und ergänze das *Denk nach*.

Denk nach

	WOZU?	
1. **Die SMV** macht eine Schülerzeitung,	um die Schüler und Schülerinnen	zu informieren.
2. **Die Schülersprecher** engagieren sich,	um …	zu … .
3. **Ich** …,	um …	zu … .

Das **Subjekt** vom Hauptsatz gilt auch für den Nebensatz.

b Wähl einen Satzanfang aus und schreib drei Sätze mit *um … zu*.

1. Ich würde mich gerne in der Schule engagieren, um …
2. Ich würde mich nicht gerne engagieren. Ich möchte lieber …, um …

c Lest eure Sätze in der Klasse vor.

4 Schülervertretungen

a Überlegt euch ein Thema für eine Schülervertretung, das für euch wichtig ist.

Wenn wir eine Schülervertretung hätten, dann müsste sie …

Ich finde, unsere Schülervertretung sollte …

Das finde ich nicht so wichtig, aber …

b Schreib einen Text, in dem du die Situation in Deutschland mit deinem Land vergleichst. Was ist ähnlich? Was ist anders?

5 Die Qual der Wahl

a Lies den Text. Welche Überschrift passt?

Grüne: Wahlrecht für alle

Grüne: Jugend mehr in die Politik einbeziehen

Deutscher Bundestag beschließt Wahlrechtsreform

Die Grünen fordern weiter das Wahlrecht ab 16. Der Grünenpolitiker Kai Gehring betonte, dass das Wahlrecht ab 16 ein klares Zeichen dafür wäre, dass die Jugend ernst genommen wird und im Staat mitentscheiden kann. Der Bundestag hat den Antrag der Grünen zwar immer wieder abgelehnt, aber die Partei will das Thema weiter in der Öffentlichkeit diskutieren. Die demokratische Erziehung muss schon im Kindergarten beginnen, sagte Gehring. Um die Jugend für Politik zu interessieren, muss das Thema auch in Schulen und Jugendzentren mehr Gewicht bekommen. Um die Demokratie zu stärken, sollten Jugendliche mehr wirkliche Mitspracherechte haben und deshalb auch bei Wahlen mitmachen dürfen.

b Lies die Sätze 1–4. Was steht im Text und was nicht?

1. Es gibt so viele uninformierte Erwachsene, deshalb sollten auch die Jugendlichen wählen.
2. Wenn Jugendliche früher wählen dürfen, fühlen sie sich akzeptiert.
3. Demokratie muss man schon so früh wie möglich lernen.
4. Eigentlich sollte das Wahlrecht schon im Kindergarten beginnen.

c Vier Jugendliche sagen ihre Meinung. Wer ist für ein Wahlrecht für Jugendliche und wer dagegen?

d Hör noch einmal und notiere die Argumente.

Viele Jugendliche	haben (nicht) genug Erfahrung, um zu wählen.
Viele Erwachsene	wissen nichts / auch etwas / genug über Politik. haben keine Ahnung von Politik.
Jugendliche unter 16/12 Kinder	wissen auch nicht weniger als die meisten Erwachsenen. wissen noch nicht, was sie wählen. würden doch nur wie ihre Eltern wählen. würden vielleicht radikale Parteien wählen.

A. Schneller (17)
I. Ballhaus (15)
H. Yanarsönmez (16)
F. Riester (22)

6 Diskussion: Wahlrecht für Kinder und Jugendliche?

a Arbeitet in drei Gruppen.

- Eine Gruppe sammelt Argumente pro Wahlrecht mit 16.
- Eine Gruppe sammelt Argumente kontra Wahlrecht mit 16.
- Eine Gruppe bereitet die Diskussionsleitung vor.

b Diskutiert 10 Minuten. Die Diskussionsleitung fasst am Ende die Diskussion zusammen.

R Seite 130: Diskussionen

c Die eigene Meinung schreiben – Lies den Text und schreib einen Text nach diesem Modell.

1. Einleitung	*Seit einigen Jahren diskutiert man über das Wahlrecht für Jugendliche.*
2. Dafür	*Viele sind für das Wahlrecht ab 16, weil sie meinen, dass Jugendliche mit 16 schon genauso mitbestimmen können wie mit 18.*
3. Dagegen	*Es sind aber auch viele dagegen. Sie sagen, dass man mit 16 noch zu jung ist, um eine eigene politische Meinung zu haben.*
4. Schluss: meine Meinung	*Ich bin dafür, weil ich glaube, dass der Unterschied zwischen 16 und 18 nicht so groß ist. Jugendliche wollen mitgestalten und oft sind sie auch nicht schlechter informiert als viele Erwachsene.*

R Seite 131: Erörterung

Wählt Vorschlag A oder B.

A Ein Quiz zum Selbermachen

Jeder schreibt drei Quizfragen zu Deutschland, Österreich, Schweiz oder eurem Land (und die Antworten dazu). Sammelt die Fragen auf Karten und spielt in der Klasse.

1. Wie heißt das deutsche Parlament?
a) Reichsversammlung
b) Feiertag
c) Bundestag

2. Was ist ein österreichisches Bundesland?
a) Burgenland
b) Disneyland
c) Bayern

3. Welches Land ist kein Nachbar der Schweiz?
a) Österreich
b) Schweden
c) Frankreich

B Regierungen

Bereitet Vorträge über ein Land oder ein Bundesland oder einen Kanton vor. Die Fragen helfen. Wählt einige aus.

Wer führt die Regierung?
Wie heißen die Parlamente?
Wie heißt das höchste Staatsamt?
Wer ist zurzeit an der Regierung?
Wer ist in der Opposition?
Wie sind die Länder gegliedert?
Wie heißen die wichtigsten Parteien?
Ab welchem Alter darf man wählen?
Wie alt ist das jüngste Parlamentsmitglied?
…

Mein Tipp:
Internetsuchwörter: „Landeskunde Österreich“ (Schweiz/ Deutschland)

1 Sprechen – Gemeinsam etwas planen

Tipp

- Lest die Aufgabe genau und macht Notizen zu jedem Punkt.
- Überlegt, was ihr sagen UND was ihr fragen könnt.
- Achtet beim Gespräch darauf, dass ihr euch ausreden lasst.
- Wenn du etwas von deinem Partner / deiner Partnerin nicht verstehst, dann frage nach.
- Wichtig ist, dass ihr die Aufgabe löst und dass die Prüfer/innen euch gut verstehen können.

a Lest die Aufgabe und sammelt gemeinsam Redemittel, die ihr dafür brauchen könnt.

Wir können vielleicht ... *Das finde ich gut / nicht so gut ...*
Ich kann mir vorstellen, dass ... *Das kann ich nicht so gut vorstellen ...*
...

Aufgabe
Ihr seid in Deutschland. Larissa, eine deutsche Freundin von euch, hat Geburtstag. Sie macht ein großes Fest und hat euch eingeladen. Ihr sollt etwas Typisches aus eurer Heimat zum Essen machen und Musik mitbringen, die ihr gut findet.

b Arbeitet zu viert. Zuerst sind A/B die Schülerinnen und C/D die Prüfer/innen. Danach tauscht ihr die Rollen.

Sprecht zu zweit über die Punkte unten, macht Vorschläge und reagiert auf die Vorschläge eures Gesprächspartners / eurer Gesprächspartnerin. Plant und entscheidet gemeinsam, was ihr tun möchtet.

Besuch bei einem Geburtstagsfest planen:
- Wann gehen wir hin?
- Wie kommen wir hin?
- Was können wir schenken?
- Was können wir „Typisches" mitbringen?

2 Hören – kurze Aussagen

Tipp

- Lies die Überschriften sehr genau. Überlege, was gemeint sein kann.
- Kreuze beim Hören sofort eine Lösung an, weil man den Inhalt von den Hörtexten schnell vergisst.
- Markiere im Notfall zwei Lösungen zur Auswahl und denke nach dem Hören noch einmal über die richtige Lösung nach.

! Am Schluss musst du für jeden Hörtext EINE Lösung haben.

Berichte vom Praktikum
Im Schülerradio berichten Schüler über ihr Praktikum. Lies zuerst die Liste mit den verschiedenen Aktivitäten (A–H). Du hast dafür 30 Sekunden Zeit.
Wähle beim Hören zu jedem Bericht den richtigen Buchstaben (A–H).
Einige Buchstaben bleiben übrig. Du hörst die Berichte **einmal**.

A Selbst einen Artikel schreiben
B Kreative Bilder selbst malen
C In der Natur arbeiten
D Zeitungen verkaufen macht Spaß.
E Ich arbeite gern mit den Händen.
F Etwas für die Umwelt tun
G Es gab auch kreative Tätigkeiten.
H Das Praktikum ist langweilig.

3 Lesen – Zeitungsmeldungen

Tipp

- Dieser Prüfungsteil besteht aus vier kurzen Texten, denen du jeweils eine passende Überschrift zuordnen sollst.
- Es gibt oft zwei ähnliche Überschriften und nur eine davon passt ganz genau.
- Lies zuerst die Überschriften **genau**. Lies dann immer einen Text und finde dazu die passende Überschrift.

Welche Überschrift passt am besten zu den Zeitungsnotizen?
Lies die Texte 1–4 und die Überschriften A–H. Was passt zusammen?
Einige Buchstaben bleiben übrig.

A Übungsabend für Schüler
B Gesundheit wichtiger als Geld
C So kann man schnell Geld verdienen.
D Vorträge über Nebenjobs für Jugendliche und Eltern
E Vortrag über Lerntechniken
F Menschen mit roten Haaren treffen sich.
G Viel Geld und nicht zufrieden
H 6 000 Psychologen bei Welttreffen

1 **Zu einem Vortrag für Eltern zum Thema „Das Lernen lernen" lädt die Leitung der Rosendorfschule ein. In Übungen erfahren die Gäste Neues und Überraschendes zu den Themen Gedächtnis, Lerntechniken, Konzentration und Motivation. Dazu gibt es praktische Tipps und Tricks, zum Beispiel für die Rechtschreibung, das Rechnen und die Hausaufgaben. Referent ist Dr. M Koenig, ein bekannter Lerntrainer aus Kassel. Der Vortrag beginnt am Montag, dem 7. September, um 19.30 Uhr in der Rosendorfschule.**

2 Immer mehr Jugendliche wollen in ihrer Freizeit Geld verdienen, weil ihnen das Taschengeld nicht reicht. Oft gibt es im Internet Angebote, die versprechen, dass man in kurzer Zeit sehr viel verdienen kann. Wenn man nicht aufpasst, kann man dabei sehr viel Geld verlieren. Die Verbraucherberatung Bayern hat deshalb ein Informationsprogramm zum Thema „Jobs für Jugendliche" entwickelt, das Jugendliche und Eltern darüber informiert, worauf man beim Nebenjob achten muss und was die gesetzlichen Regelungen sind. Die Vorträge finden an Schulen statt. Termine können mit der Verbraucherberatung vereinbart werden.

Zehn Jahre nach ihrem ersten Lottogewinn hat eine 84-jährige Frau aus Bottrop zum zweiten Mal den Jackpot geknackt. Bei ihrem ersten Sechser teilte sie den Gewinn mit fünf anderen Gewinnern und hatte „nur" 2 Millionen Euro für sich. Dieses Mal darf sie sich als alleinige Gewinnerin auf 15 Millionen Euro freuen.

„Wissen Sie, das ist schon schön", sagte die alte Dame zu ihrem Gewinn. „Aber das Schönste ist, dass ich nun so alt und immer noch gesund bin, und dass ich mich über meine 5 Kinder, 10 Enkelkinder und 4 Urenkel freuen kann." Und die freuen sich sicher auch über ihre Glücks-Oma.

4 **Etwa 6000 Rothaarige haben sich zum Welttreffen der Rothaarigen angesagt, weit mehr als je zuvor. Das Treffen findet bereits seit dem Jahr 2005 regelmäßig statt. Die Teilnehmer wollen gemeinsam feiern und zugleich zeigen, dass sie stolz auf ihre Haare sind. Neben Partys stehen vor allem am Sonntag Diskussionen und Vorträge rund um das Thema „Rothaarigkeit" auf dem Programm. So wollen Psychologen die Ausstrahlung und Wirkung roter Haare auf die Mitmenschen erklären. Höhepunkt wird wieder das Gruppenfoto sein, mit so vielen „Erdbeerblonden" wie möglich.**

4 Eine Erörterung schreiben

a Lies den Tipp und ordne die Textteile der Erörterung.

Tipp

Eine Erörterung besteht im Wesentlichen aus vier Teilen:

Überschrift → Einleitung → Hauptteil → Schluss

In der **Einleitung** benennst du das Thema, mit dem du dich beschäftigst, und sagst kurz, wie du vorgehen möchtest.

Im **Hauptteil** gibst du erst die Meinungen von anderen wieder, dann berichtest du von deinen eigenen Erfahrungen mit dem Thema, z. B. an deiner Schule oder in deiner Familie. Danach schreibst du deine eigene Meinung zum Thema und begründest sie.

Zum **Schluss** schreibst du einige Sätze, die deinen Standpunkt kurz zusammenfassen.

A Can und Anne lehnen beide mehr Sportunterricht in der Schule ab. Can spielt Hockey im Verein und hat Angst, dass er dann keine Zeit mehr dafür hat. Anne mag keinen Sport, für sie sind die zwei Stunden in der Woche jetzt schon zu viel. Karla sagt, dass ... Thomas meint dagegen ... Ich stimme Thomas zu.

B **Jeden Tag Sportunterricht?**

C Ich bin deshalb sehr für mehr Sportunterricht. Aber zunächst sollten wir einmal mehr Sportlehrer haben, damit der Sportunterricht an unserer Schule nicht mehr so oft ausfällt.

D Wäre es gut, wenn wir jeden Tag Sportunterricht hätten? Das ist die Frage, die ich im Folgenden diskutieren möchte. Zuerst möchte ich die Meinungen von vier Schülern und Schülerinnen zusammenfassen, dann stelle ich die Situation an meiner Schule dar und zum Schluss sage ich meine eigene Meinung zu diesem Thema.

E Ich fände es gut, wenn wir jeden Tag Sportunterricht in der Schule hätten. Ich habe gelesen, dass sportliche Aktivitäten die Leistungen auch in anderen Fächern wie zum Beispiel Mathematik oder Physik verbessern. Wenn wir jeden Tag Sportunterricht hätten, hätten wir natürlich weniger Zeit für andere Fächer, dann müssten andere Stunden ausfallen. Aber wir könnten in den anderen Fächern effektiver, also schneller lernen. Und außerdem hätten wir mehr Spaß, denn Sport macht mehr Spaß als viele andere Schulfächer.

F In meiner Schule stehen im Stundenplan drei Stunden Sport pro Woche. Aber ich hatte nur in der 5. und 6. Klasse drei Stunden pro Woche Sportunterricht. Das war eine gute Zeit, wir hatten eine tolle Sportlehrerin, die uns viele Sportarten beigebracht hat. Leider hat sie dann ein Kind bekommen und hat aufgehört zu unterrichten. Wir waren alle sehr traurig. Der Sportunterricht ist danach oft ausgefallen, nur manchmal hatten wir Vertretung. Manchmal hatten wir eine Stunde Sport in der Woche, manchmal hatten wir sogar keinen Sportunterricht.

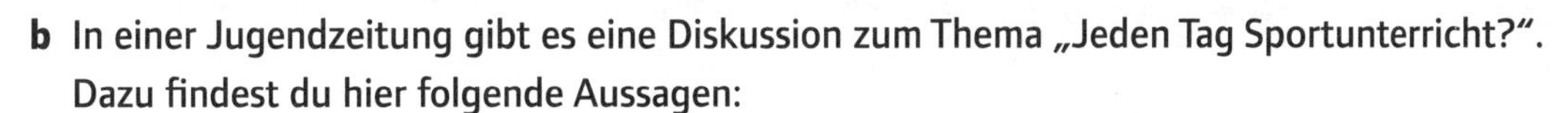

b In einer Jugendzeitung gibt es eine Diskussion zum Thema „Jeden Tag Sportunterricht?“. Dazu findest du hier folgende Aussagen:

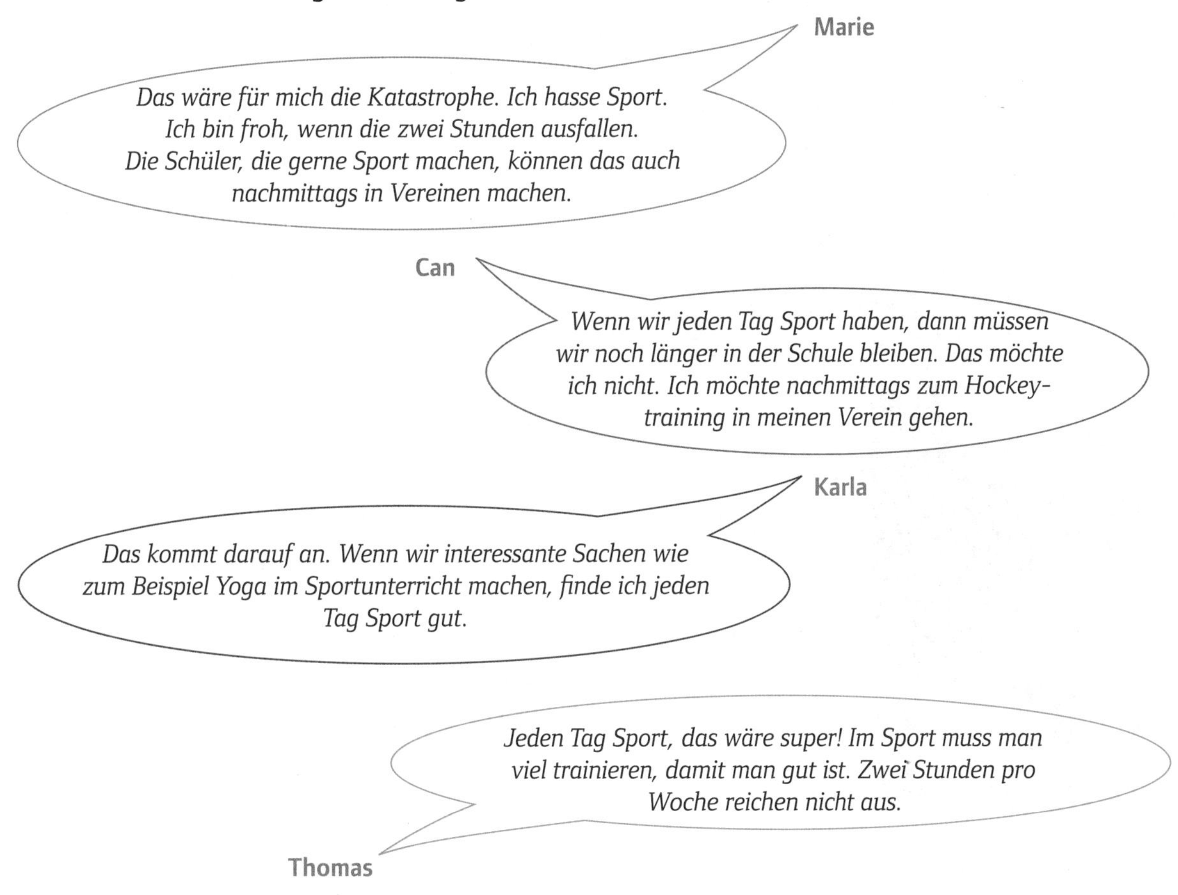

Schreib einen Beitrag für das Forum von der Schülerzeitung deiner Schule.
Bearbeite in deinem Beitrag die folgenden drei Punkte:

- Gib alle vier Aussagen aus dem Internetforum **mit eigenen Worten** wieder.
- Wie sieht es an deiner Schule mit Sportunterricht aus? Berichte **ausführlich**.
- Wie ist deine Meinung zu dem Thema? Begründe deine Meinung **ausführlich**.

5 Sprechtraining – Eine Präsentation interessant sprechen

a Im folgenden Text sind keine Punkte und Kommas. Hör zu, welche Wörter gehören zusammen? Markiere Pausen.

DAS THEMA VON MEINER PRÄSENTATION SIND ROBOTER
ICH HABE SCHON VIELE FILME MIT ROBOTERN GESEHEN
VIEL SPANNENDER FINDE ICH ABER DIE ECHTEN ROBOTER
DAMIT MEINE ICH JETZT NICHT DIE MASCHINEN DIE EINGESETZT WERDEN
UM DEN RASEN ZU MÄHEN
DAS IST NICHT SCHLECHT ABER ICH FINDE WIRKLICH INTERESSANT WERDEN DIE ROBOTER
WENN SIE SPRACHE VERSTEHEN KÖNNEN UND AUSSEHEN WIE MENSCHEN
ES GIBT ROBOTER DIE KANN MAN RUFEN UND DANN KOMMEN
SIE SIE KÖNNEN BIS ZU 10 000 WÖRTERN VERSTEHEN

b Hör noch einmal und markiere die betonten Wörter.

c Hör zu und sprich leise nach.

16 Anders reisen

Das lernst du

- Über besondere Urlaube sprechen
- Ein Reiseprogramm erstellen
- Einen Reiseblog kommentieren und schreiben
- Alltagsprobleme auf Reisen lösen

Text 1

Meine Reise zu den Schweizer Schafhirten ist eine bleibende Erinnerung. Es gibt in Deutschland eine Organisation, die an junge Leute zwischen 16 und 20 Jahren Stipendien für Reisen vergibt. Regeln: 1. Man muss ein Thema haben. 2. Man darf nicht mit dem Flugzeug reisen. 3. Man darf nicht im Hotel wohnen. Mein Thema waren die „wandernden Schafhirten in der Schweiz". Ich besuchte Bauernhöfe, traf Wanderhirten und machte Interviews. Ich lebte zusammen mit blökenden Schafen und bellenden Hunden. Ich habe neugeborene Lämmer bewundert und sterbende Tiere erlebt. Und das alles in der faszinierenden Landschaft der Schweizer Alpen. Auf Dauer so zu leben, kann ich mir nicht vorstellen, aber es war eine prägende Erfahrung, die mir sehr wichtig ist.

Lucia Arbogast

Text 2

Sinnvoll verreisen

Du willst nette Leute kennen lernen, dich mal richtig nützlich fühlen? Schon mal was von den „Workcamps" gehört? Du lebst mehrere Wochen mit Jugendlichen aus vielen Ländern zusammen und arbeitest für ein gemeinnütziges Projekt. Für deine Arbeit bekommst du zwar kein Geld, dafür lernst du Land und Leute aus einer ganz anderen Sicht kennen. Du setzt dich mit fremden Kulturen auseinander und verbringst viel Zeit mit Gleichgesinnten. Übrigens: Im „Workcamp" wird nicht nur gearbeitet. Es gibt romantische Abende am Lagerfeuer wie auf dem Zeltplatz und Partys wie beim Cluburlaub. Wenn du nach Hause kommst, hast du einfach viel mehr zu erzählen.

Text 3

Ein großartiges Abenteuer!

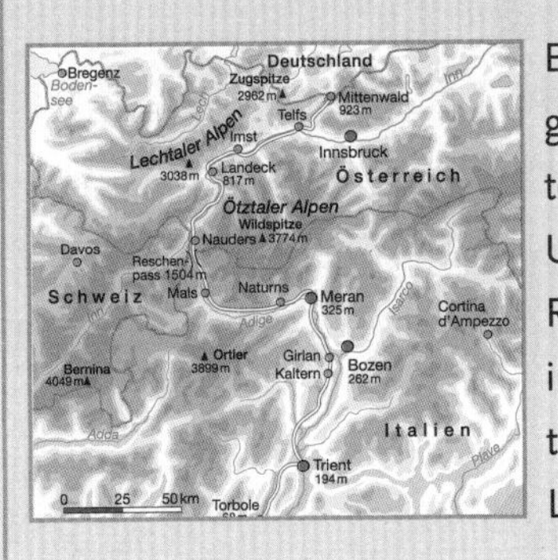

Eine Alpenüberquerung, da sind sich alle Radfahrer einig, gehört zu den großartigsten Erlebnissen überhaupt. Die Strecke vom bayerischen Mittenwald bis zum Gardasee in Italien gilt dabei als besonderes Highlight. Unsere Route folgt historischen Pfaden durchs Inntal und hinauf zum Reschenpass. Wir besuchen die Höhepunkte Südtirols und tauchen ein in die faszinierende Kultur Norditaliens. Nicht sportliche Höchstleistungen stehen im Vordergrund, sondern die Nähe zur Natur und den Leuten. Um Straßen mit viel Verkehr machen wir einen weiten Bogen.

1 Abenteuerreisen

a Seht euch nur die Fotos an. Sammelt Vermutungen: Um welche Art von Reisen könnte es hier gehen?
b Wählt zu viert einen Text aus und überprüft eure Vermutungen.
c Schreibt drei Aussagen zu eurem Text, die entweder richtig oder falsch sind.
d Tauscht eure Aussagen. Jede Gruppe liest die anderen Texte und löst die Aufgaben.
e Gespräch: Welchen der drei Urlaube könnt ihr euch vorstellen? Welchen möchtet ihr auf keinen Fall machen? Gebt Gründe für eure Meinungen an.

So ein Urlaubsprojekt wie das von Lucia würde mich sehr interessieren. Mein Thema wäre dann …

Ich würde auch gerne eine extreme Fahrradtour oder Wandertour machen. Mein Freund war mal …

Ich brauche keine Abenteuer. Ich …

Abenteuer fängt da an, wo die Planung aufhört. Deshalb finde ich organisierte „Abenteuerreisen" eigentlich blöd. Ich möchte lieber …

2 Ein faszinierender Urlaub mit blökenden Schafen

a Markiert diese Wörter in Text 1: *bleiben, wandern, blöken, bellen, sterben, faszinieren, prägen*. Was für eine Wortart ist das: ein Verb oder eher ein Adjektiv? Ergänze das *Denk nach*.

Denk nach

ein bellender Hund = ein Hund, der (gerade) bellt
mit den bellend… Hunden
Partizip 1 = Infinitiv + d + …

b Fragt euch gegenseitig wie im Beispiel.

Was ist ein Hund, der bellt?

Ein bellender Hund. Und ein Vogel, der singt?

Ein singender Vogel. Und ein Schüler, der schläft?

der Schüler der Hund der Vogel die Klasse die Bremsen (Pl.) das Erlebnis die Schülerin | singen bellen schlafen quietschen streiten schwitzen faszinieren

Projekt Wählt Aktivität A oder B aus.

A Reiseprospekt für eure Region

Entscheidet, wer eure Zielgruppe ist (Jugendliche – Senioren – Abenteuertouristen – Pauschalurlauber …) und was unbedingt in dem Reiseprospekt stehen muss (Sehenswürdigkeiten – Aktivitäten – Unterkunft – Shopping-Tipps …). Präsentiert eure Ergebnisse in der Klasse.

B Reiseplan für eine Reise ohne Eltern

Am ersten Tag fahren wir mit dem Bus nach …
Wir wollen …
Und danach besichtigen wir …
Abends gehen wir …
Wir übernachten …

Der alte Gasometer von Oberhausen ist heute Deutschlands höchste Ausstellungshalle.

3 Tonys Blog

a Lies das Blog und beantworte die Fragen.

1. Wohin möchte Tony?
2. Wie lange möchte er dort bleiben?
3. Was ist sein Plan? Was sind seine Hoffnungen?

Tonys Reiseblog Deutsch | Englisch

23.5. Morgen geht es los! Meine erste Reise ganz allein. Ich freue mich schon auf die Erfahrungen. Ich kann alles selbst bestimmen, alles so machen, wie ich möchte. Und wenn mir was Peinliches passiert, dann sieht es keiner ☺. Ich kann ganz ich selbst sein. Keiner redet mir rein! Mein Reiseplan? Ganz einfach, am 26.5. fliege ich nach Hamburg. Ja, und dann mal sehen, was kommt. Ich habe nichts geplant und bin einfach neugierig. Ich hoffe, dass ich während der vier Wochen interessante Ecken von Deutschland sehe und vor allem, dass ich interessante Leute treffe. Und noch eine Neuigkeit. Mein Blog wird diesmal weitgehend ein Audioblog sein und zwar auf Deutsch (und Englisch). Ich muss ja auch Deutsch trainieren und ihr auch ☺, oder?

b Hört Tonys Audio Blog. Macht Notizen zu den Fotos und fasst die Ereignisse zusammen.

c Hört Tonys Blog vom 9. Juni und korrigiert die Sätze.

Deutsch | Englisch

9.6. Köln ist cool! Hört mal rein.

1. Tony hat sich während der letzten zwei Wochen alleine gelangweilt.
2. Er hatte ein Problem mit dem Schaffner im Zug.
3. Das Smartphone war kaputt und Tony konnte es reparieren.
4. Tony wollte Freunde in Köln besuchen.
5. Louis ist in Köln ausgestiegen und sie haben sich nicht wiedergesehen.

d Lest den Blogeintrag. Was würdet ihr an Tonys Stelle tun?

10.6. Heute mal schriftlich, weil mir die Luft weggeblieben ist. Mein Geldbeutel war weg. Kein Geld, keine Ausweise, nichts mehr. Katastrophe! Ich bin also zur Polizei und habe eine Verlustmeldung gemacht. Das war gar nicht so einfach. Erst musste ich eine Polizeidienststelle finden, dann musste ich warten, dann musste ich alles genau erklären: was, wo, wann, wie. Ein intensives Deutschlernprogramm!!! Und dann musste ich Formulare ausfüllen. Das hat mich den ganzen Vormittag gekostet. Tja, und dann zurück in der Jugendherberge – ihr glaubt es nicht und ich habe auch erst meinen Augen nicht getraut – hole ich meine Schuhe aus dem Rucksack und mein Portemonnaie purzelt aus meinem linken Stiefel heraus. Würdet ihr noch mal zur Polizei gehen und sagen, dass alles nur ein Versehen war?

**e Hört Tonys Blog vom 12. Juni.
Was ist richtig: a, b oder c?**

Außerhalb der Essenszeit von 11–14 Uhr haben wir keine warmen Speisen.

1. Der Hauptbahnhof von Leipzig
   - a ist sehr groß.
   - b ist ganz neu.
   - c ist uninteressant.

2. Was hat Tony zuerst gemacht?
   - a Er ist ins Hostel gegangen.
   - b Er war in einem Lokal.
   - c Er war shoppen.

3. Tony hat
   - a „Leipziger Allerlei" gegessen.
   - b kein Essen bekommen.
   - c mit der Kellnerin gestritten.

f *Während, innerhalb, außerhalb* – Lies das *Denk nach* und ergänze die Sätze 1–6.

Denk nach

Während der letzten zwei Wochen habe ich mich nie gelangweilt.	(Zeitdauer) →
Louis hat außerhalb des Stadtzentrums gewohnt.	(Ort)
Außerhalb der Mittagszeit gibt es keine warmen Speisen.	(Zeit)
Die Fahrkarte gilt innerhalb des Stadtzentrums für 24 Stunden.	(Ort)
Ich war innerhalb von fünf Minuten total nass.	(Zeit)

1. … meiner drei Tage in Köln hatte ich immer gutes Wetter.
2. … des Hauptbahnhofs von Leipzig gibt es ein großes Einkaufszentrum.
3. Sie können uns auch … unserer Öffnungszeiten immer im Internet erreichen.
4. Die Jugendherberge von Berlin ist etwas … der Stadt, aber man kommt gut mit dem Bus hin.
5. Du musst dich … der nächsten drei Tage entscheiden, ob du auf die Reise mitkommst oder nicht.
6. Ich habe … meines Aufenthalts in Deutschland eigentlich nur coole Leute getroffen.

g Wähle A oder B.

A Wie findest du Tonys Blog?
Schreib ihm einen Kommentar oder nimm einen Kommentar mit dem Handy auf.

B Was habt ihr auf einer Reise einmal erlebt?
Schreibt einen Blogeintrag von einer tatsächlichen oder erfundenen Reise.

4 Alltag auf Reisen

Wählt eine der folgenden Situationen aus. Schreibt und spielt die passenden Dialoge.

1 Ihr wollt von Dresden nach München fahren. Ihr seid im Reisebüro und fragt nach Reisemöglichkeiten. Am Ende kauft ihr die Tickets.

2 Ihr wollt in Nürnberg in die Jugendherberge, aber alles ist voll. Ihr fragt nach Alternativen und wie man da hinkommt.

3 Ihr seid in Köln. Bei der Rückkehr ins Hostel merkt ihr, dass von einem von euch der Pass weg ist. Ihr geht zur Polizei.

4 Ihr habt in Wien in einem Restaurant Wiener Schnitzel mit Pommes bestellt. Aber beides ist schon kalt, als es gebracht wird. Ihr beschwert euch.

5 Ihr wollt Konzertkarten kaufen. Heute gibt es nur noch Tickets für 50 Euro. Übermorgen sind sie billiger. Ihr fragt auch nach Ermäßigungen für Schüler.

6 Spielt eine Situation auf Reisen, die ihr selbst erlebt habt.

Dreimal Deutsch

Das lernst du

- Über typische Dinge in D-A-CH sprechen
- Über Sprachen und ihre Verbreitung sprechen
- Über Stereotype / Klischees sprechen
- Eine Präsentation vorbereiten

1

2

3

4

5

Das … ist typisch für die Schweiz / für Österreich / für Deutschland.
… ist ein Symbol für …
… ist eine Spezialität aus …

Ich habe gehört, dass alle Deutschen/Österreicher/Schweizer …
Ich glaube, in … trinkt/isst man viel …

Ich glaube, dass … ein Klischee ist.
Ich weiß (nicht), ob …

Nein, … gibt es nicht nur in …, sondern auch in …
Das ist ein Vorurteil, nicht alle …

6

7

8

9

10

11

12

1 Deutschland – Österreich – Schweiz

a **Was gehört zu welchem Land? Was findet ihr typisch deutsch, österreichisch, schweizerisch?**

b **Was kennst du noch aus den drei Ländern? Hast du schon eins besucht? Erzähle.**

c ***Brötchen, Brödli, Bulette*** **– Lies die Wörter a–n und hör die Aufnahme mehrmals. Wo sagt man was?**

a) das Brötchen
b) das Brödli
c) die Bulette
d) die Frikadellen
e) das Fleischbröderli
f) das Fleischküchle
g) das Fleischlaberl
h) das Fleischpflanzerl
i) gehacktes Bällchen
j) der Hamburger
k) die Semmel
l) die Schrippe
m) das Weckle
n) das Weggli

d **Welcher Satz gefällt dir am besten? Hör noch einmal und sprich nach.**

2 Deutsch weltweit

a **Lies 1–7 und a–g. Ordne zu.**

1. Mehr als 100 Millionen Menschen auf der Welt …
2. In der EU ist Deutsch …
3. Der größte Teil der deutschen Muttersprachler lebt natürlich …
4. Aber auch in anderen europäischen Ländern …
5. In anderen europäischen Ländern ist Deutsch zwar keine Amtssprache, aber …
6. Aber nicht nur in Europa gibt es deutsche Sprachinseln.
7. Allerdings sprechen die Menschen in den Sprachinseln …

a) die meistgesprochene Erstsprache/Muttersprache.
b) es gibt deutsche „Sprachinseln".
c) ist Deutsch eine Amtssprache: in Luxemburg, im Westen von Belgien, in einer italienischen Region (Trentino-Südtirol) und in Liechtenstein.
d) häufig einen Dialekt, in einigen Ländern auch ein Deutsch aus dem 18./19. Jahrhundert, das ihre Vorfahren mitgebracht haben und das in der Gruppe weiter gesprochen wird.
e) Vom 18. bis 20. Jahrhundert sind viele Deutsche nach Nord- und Südamerika, Afrika (Namibia …) und nach Asien (Russland, Kasachstan …) ausgewandert. Diese Gruppen bewahren zum Teil bis heute ihre Sprache und Kultur.
f) in Deutschland (80 Mio.), Österreich (7 Mio.) und der Schweiz (fast 5 Mio. deutsche Muttersprachler).
g) sprechen Deutsch als Muttersprache.

b **Sprachen bei uns – Sammelt Informationen, macht Notizen und berichtet.**

Welche Sprachen und Dialekte werden gesprochen? Welche sprecht ihr? Gibt es deutsche Muttersprachler? Wenn ja, wo leben sie? Wo wird eure Sprache noch gesprochen? …

3 Stereotype und Klischees

a Lies die Sätze 1–4, hör zu und entscheide: Hast du das im Text gehört (+) oder nicht (–)?

1. Tanja Meier meint, dass Deutschland und die Schweiz dieselbe Kultur haben.
2. Sylvia Egger war in Deutschland und es hat ihr gefallen.
3. Tobias Huber hat Vorurteile gegenüber den Österreichern.
4. Georg Mayr findet die Deutschen arrogant.

b Hör noch einmal. Wer nennt wen so?

Piefke – Ösi – Germanen – Schweizerli

Tanja Meier sagt, dass manche Deutsche die … … nennen.

c Wie beschreiben sich Deutsche, Österreicher und Schweizer gegenseitig? Ordne die Ausdrücke zu und schreib jeweils zwei Sätze dazu.

einen Minderwertigkeitskomplex haben – gute Gastgeber sein – zögern – sie haben eine eigene Kultur – hier lohnt es sich zu arbeiten – arrogant – gemütlich – sie wissen alles besser – langsam

Österreicher sind gute Gastgeber.

Manche Deutsche/Österreicher/Schweizer
finden …
denken/glauben, dass …
sind der Meinung, dass …

4 *Miteinander, füreinander …*

a Lies und ergänze das *Denk nach* und die Sätze 1–5.

Denk nach
Präposition + *einander*
Wie denken Schweizer über Deutsche? Wie denken Deutsche über Schweizer? → Wie denken Schweizer und Deutsche übereinander? Ich rede mit dir. Du redest mit mir. → Wir reden …

1. Er fährt mit ihr in Urlaub. Sie fährt mit ihm in Urlaub. Sie fahren … in Urlaub.
2. Du arbeitest mit mir am Referat. Ich arbeite mit dir am Referat. Wir …
3. Ich lerne von meinem Freund. Er lernt von mir. Wir …
4. Er interessiert sich für sie. Sie interessiert sich für ihn. Sie …
5. Er denkt an sie. Sie denkt an ihn. Sie …

b Sprecht über die folgenden Fragen in der Klasse.
Welche Gemeinsamkeiten und Unterschiede zwischen den Regionen gibt es bei euch?
Was denken die Leute übereinander/voneinander?

gleich ähnlich anders verschieden/unterschiedlich	eigene (Kultur) andere Kultur fremde Kultur	die Gemeinsamkeit die Ähnlichkeit der Unterschied	gleich sein (wie/mit) sich ähneln sich unterscheiden (in/von)

Die Regionen in den USA sind sehr unterschiedlich.

In China gibt es große Unterschiede zwischen dem Leben auf dem Land und in der Stadt.

Ich glaube, wenn man sucht, findet man immer Gemeinsamkeiten.

5 Eine Präsentation vorbereiten

a Lies die Schritte 1–8. Ordne die Fragen A–H den Schritten 1–8 zu.

Schritt 1: Thema auswählen
Schritt 2: Material sammeln (Internet, Bibliothek, Eltern, Freunde …)
Schritt 3: Material ordnen
Schritt 4: Wörter und Redemittel sammeln
Schritt 5: Materialien für die Präsentation auswählen (Bilder, Karten, Diagramme, Musik …) und in eine Reihenfolge bringen
Schritt 6: Text formulieren und korrigieren
Schritt 7: Stichworte für den mündlichen Vortrag aufschreiben
Schritt 8: Generalprobe: die Präsentation vor einem Freund / einer Freundin halten

A Wie kann ich illustrieren, was ich sagen möchte? Was möchten die Zuhörer gerne sehen?
B Was sind die wichtigen Wörter/Ausdrücke, die meinen Text gliedern?
C Wo finde ich interessante Informationen über mein Thema?
D Welche Informationen sind wichtig? Wie hängen die Informationen zusammen? Womit fange ich an? Welche Informationen lasse ich weg?
E Welche neuen Wörter sind wichtig? Wie kann ich die Inhalte sprachlich gut erklären?
F Habe ich alles gesagt, was ich wollte? Stimmen die Sätze (Verben, Wortstellung, Rechtschreibung …)?
G Wie klar spreche ich? Wie ist meine Körpersprache?
H Welches Thema finde ich so interessant, dass ich mich genauer damit beschäftigen möchte?

b Wähl ein Thema und bereite anhand der acht Schritte eine Präsentation vor.

Weltstadt Wien
Der beste Fußballverein in Deutschland
Die Nordsee
Umweltindustrie in Deutschland
Tourismusindustrie in Österreich
Die Alpen früher und heute
Meine Sprache in der Welt
Wintersport in der Schweiz
Die Schweiz: ein Land – vier Sprachen
Kulturmetropole Berlin
…

18 Schönheit

Das lernst du

- Personen beschreiben
- Meinungen begründen
- Einen Text wiedergeben
- Beim Kleidungskauf beraten

1 Schönheitsideale

a Seht euch die Bilder an und erstellt eine Mindmap zum Thema „Schönheit".

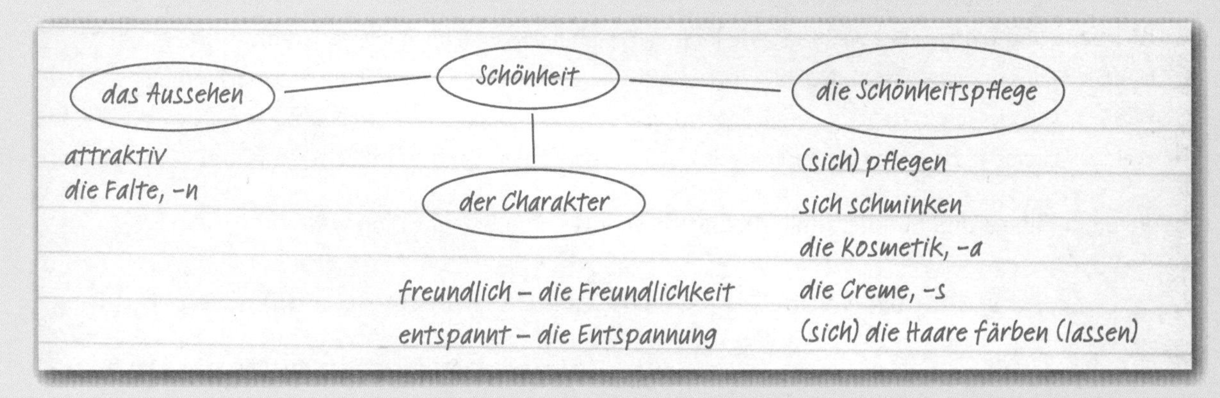

b Lest die folgenden Thesen über Schönheit. Hört dann die Aussagen von Jamal, Annemarie, Heiko und Semra. Welche Aussage a–e passt zu wem? Eine Aussage bleibt übrig.

a) Das Aussehen hat einen Einfluss auf den Erfolg im Leben.
b) Eine schöne Frau muss eine gute Figur haben.
c) Für seine Schönheit muss man sich Zeit nehmen.
d) Schönheit hängt nicht von äußeren Dingen ab.
e) Ohne Geld ist es nicht leicht, schön zu sein.

2 Über Porträts sprechen

a Schreib den Text mit den Adjektiven. Es gibt verschiedene Möglichkeiten.

länglich – schmal – interessant – billig – blond – braun – rot – schick – klein – groß – cool – blau – hübsch – blass – rot – kurz – lang – gestylt …

Der … ① Mann ist ungefähr 20 Jahre alt. Er hat ein … ② Gesicht, eine … ③ Nase, einen … ④ Mund und … ⑤ Augen. Seine Kleidung ist … ⑥. Er trägt ein … ⑦ Hemd und ein … ⑧ Jackett. Auffällig ist seine … ⑨ Frisur. Mit seinen … ⑩ Haaren sieht er … ⑪ aus.

b Beschreib ein Bild von Seite 94 mit möglichst vielen Adjektiven.

c Sprecht über die Fotos. Was findet ihr an den Personen schön?

Die Frau auf dem Foto Nr. … sieht gut aus.

Mir gefällt …, weil sie natürlich ist. Kein Make-up und so.

Seine Augen wirken …

3 Ein Fotoprojekt

a Sieh dir die Fotos an und lies den Artikel. Welche Überschrift passt am besten? Warum?

Schönheit wird immer globaler | **Die Welt ist schön** | **Schönheit weltweit**

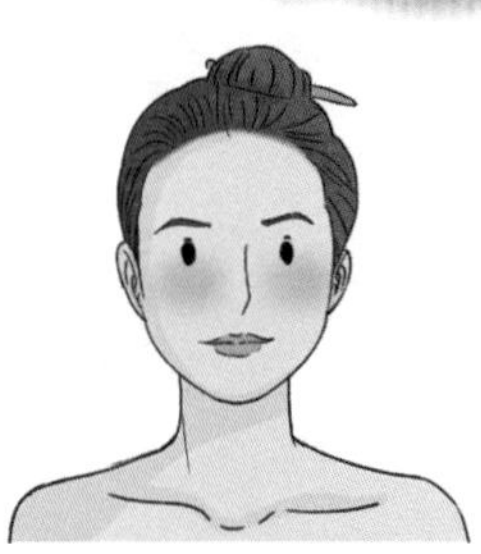

„Macht mich schön" – mit dieser Bitte schickte die Journalistin Esther Honig 2014 ein einfaches Foto von sich an über 50 Fotobearbeiter in 25 Ländern der Welt. Das Foto zeigt ihr Porträt ungeschminkt, ohne Schmuck mit hochgesteckten Haaren.
Die Antworten waren überwältigend. In Marokko trug sie plötzlich Kopftuch, in Griechenland bekam sie Lidschatten in Pink, in Deutschland wurde sie blasser, in Indien dunkler. Ein Bearbeiter aus den USA änderte ihre Augen und legte ihr langes Haar auf die Schulter. Nach der Veröffentlichung der ersten Rückmeldungen unter dem Titel „Before and After" (Davor und danach) im Netz, bekam sie hunderte weitere Arbeiten aus aller Welt. Zugleich wiederholten andere Menschen das Experiment mit ihren Porträts. Es entstand eine weltweite visuelle Diskussion über die Frage „Was ist schön?".
Esther Honig ist keine Wissenschaftlerin und es war nicht ihre Absicht, eine repräsentative Untersuchung zum Thema „Schönheit" zu machen. Es war dem Zufall überlassen, welche individuellen Vorlieben die einzelnen Fotobearbeiter mit ihrem Bild verwirklichten. Es geht ihr um die Kommunikation über das, was Menschen als schön empfinden. Die Summe der Ergebnisse, die man auf Esther Honigs Webseite ansehen kann, zeigt, dass die Schönheitsideale in unserer Welt vielfältiger sind, als es die Model-Fotos der internationalen Modezeitschriften vermuten lassen.

b Hier sind acht Schlüsselbegriffe aus dem Text. Bringe sie in die richtige Reihenfolge und notiere zu jedem Begriff eine weitere Information.

Antworten – Diskussion – Fotobearbeiter – Kommunikation – Netz – nicht repräsentativ – Porträt – Schönheitsideale

Fotobearbeiter + in 25 Ländern

c Gib den Text anhand der Schlüsselwörter wieder.

d Diskutiert: Welches Foto kommt eurer Idee von Schönheit am nächsten? Was würdet ihr anders machen?

4 Die Farbe ist cool!

a Hör den Dialog. Welches Foto passt?

b Lies die Sätze 1–6 und hört den Dialog noch einmal. Was ist richtig? Was ist falsch?

1. Heiko und Julia kaufen Kleidung ein.
2. Heiko sind 120 € für ein Sweatshirt zu viel Geld.
3. Das billigere Sweatshirt hat denselben Schnitt.
4. Julia gefällt der Schnitt, aber sie findet die Farbe zu langweilig.
5. Die Hose hat dieselbe Farbe wie das Sweatshirt.
6. Julia will, dass Heiko das Sweatshirt und die Hose kauft.

c Lies die Sätze in 4b noch einmal und ergänze das *Denk nach*.

Denk nach

derselbe, dasselbe, dieselbe, dieselben

Das Wort besteht aus zwei Teilen. Es funktioniert wie Artikel und Adjektiv:
1. Der Artikel hat die normale Artikelendung.
2. Das Wort selbe- hat die normale Adjektivendung.

Die billigere Hose hat de…selbe… Schnitt wie die teurere.
Der Gürtel ist in … Farbe wie die Hose.

d Ergänze die Sätze.

1. Das ist … Hose, die du schon mal anprobiert hast.
2. Ziehst du zur Party … Rock an wie gestern?
3. Immer … Problem, du kannst dich nie entscheiden.
4. Du siehst aus wie dein Vater: … Augen, … Nase, … Mund.
5. Warum läufst du eigentlich immer mit … Hemd rum? Das ist doch langweilig.

e Übt zu zweit und variiert die Dialoge.

1. ● Ich habe eine neue Sonnenbrille. Du auch?
   ■ Nein, ich trage … wie im letzten Sommer. Mode interessiert mich nicht.

2. ● Ich kaufe den blauen Pullover. Und du?
   ■ Ich kaufe …, nur in Schwarz.
   ● Cool, dann laufen wir mit … Pullover rum.
   ■ Nicht mit … aber mit dem gleichen.

5 Welche Größe tragen Sie?

a Wer sagt was? Mach eine Tabelle im Heft und ordne die Ausdrücke.

Verkäufer/in	Kunde/Kundin	Berater/in
Was kann ich für Sie tun?		Probier das mal an.

Wo ist die Anprobe?
Der passt zu deinen Haaren.
Welche Größe tragen Sie?
Das steht dir gut.
Zahlen Sie bar oder mit Kreditkarte?
Passt Ihnen die Jacke?
Tut mir leid.
Den Anzug haben wir nur in Grau.
Das ist doch nicht dein Stil!
Haben Sie denselben Pullover auch in Größe M?
Schauen Sie im 2. Stock.
Nein, danke.
Gibt es dieselbe Bluse eine Nummer kleiner?
Willst du vielleicht dasselbe T-Shirt in Rot?
Die sitzt perfekt!
Umtauschen nur mit Kassenbon.
Der Schnitt gefällt mir, aber die Farbe steht dir nicht.
Da vorne rechts.

b Wie reagiert ihr in diesen Situationen? Schreibt Dialoge und spielt sie.

1. Du hast einen Pullover in Größe L anprobiert. Er ist dir zu groß.
2. Du hast eine Brille gekauft, und du willst sie wieder umtauschen.
3. Du möchtest Sportschuhe kaufen, aber du weißt nicht, wo.
4. Du findest eine schwarze Jacke toll, aber zu teuer.
5. Du möchtest bezahlen. Aber du findest die Kasse nicht.
6. Das weiße Hemd findest du schön, aber Gelb gefällt dir besser.
7. Du hast einen neuen Pullover gekauft, den dein Freund furchtbar findet.
8. Du hast 100 € zum Geburtstag bekommen und gehst einkaufen. Ein Freund / Eine Freundin berät dich.

Entschuldigung, der Pullover ist mir zu groß. Haben Sie denselben in Größe M?

Ja, aber nur in Grau. Wollen Sie den mal anprobieren?

Der gefällt mir. Er sitzt perfekt!

6 Das finde ich schön!

a Welche Dinge findet ihr schön? Wählt ein Foto von 1–8 aus und begründet eure Wahl.

b Hört zu. Über welches Foto sprechen Nadia und Manuel?

c Bringt Fotos von etwas mit, das ihr sehr schön findet. Hängt alle Fotos in der Klasse auf. Dann stellt jeder ein Ding von einer anderen Person vor. Die anderen raten, welches Foto es ist.

19 Berufseinstieg

Das lernst du

- Über Qualifikationen für eine Stelle sprechen
- Über Erwartungen an eine Stelle sprechen
- Eine Bewerbung schreiben
- Eigenschaften beschreiben

A

1 Angebote

a Lies die Anzeigen und ordne sie den Bildern zu.

1 Wir bilden aus!

Im August können Sie bei uns eine Lehre zum/r Bankkaufmann/-frau beginnen. Wir erwarten von unseren Bewerbern mindestens den Realschulabschluss sowie gute MS-Office-Kenntnisse. Sie sollten bereit sein, sich in unserem Team zu engagieren und selbstständig zu arbeiten. Wir bieten gutes Gehalt.

Bewerbungsunterlagen an:
Sabine Mayer
Personalabteilung VB-Bank
Postfach D-50939 Köln

2 Praktikum in Kinderreitschule

Wir bieten engagierten Personen vor dem Studium die Möglichkeit, in unserer Kinderreitschule pädagogische Erfahrungen zu sammeln. Wenn Sie sich mit Pferden auskennen, ist das ein Vorteil. Wir erwarten, dass Sie körperlich fit, kommunikativ und offen sind und mit Kindern und Tieren gut umgehen können.

Sind Sie interessiert?
Dann schicken Sie Ihre Unterlagen an:
Kinderreitschule Albisrieden
CH-8047 Zürich

3 Interessanter Ferienjob mit guter Bezahlung!

Wir suchen für den Sommer eine Aushilfe (Voll- oder Teilzeit), zwischen 17 und 25 Jahren alt. Gute Deutsch- und Englischkenntnisse sind erwünscht.

Wir bieten interessante Arbeit in jungem Team.
Vollständige Bewerbungen bitte an:
Jugendherberge Schloss Röthelstein
A-8911 Admont

b Welche Qualifikationen brauchen die Bewerber/innen? Mache eine Tabelle.

Ausbildung/Schulabschluss	Eigenschaften	Kenntnisse
1 Realschulabschluss		
2 ...		

c Laith spricht mit einer Berufsberaterin. Hör zu und mach Notizen: Was sind seine Eigenschaften, Kenntnisse und Erfahrungen? Auf welche Anzeige sollte er sich bewerben?

d Wähle eine Anzeige aus. Begründe: Warum willst du gerade diese Stelle?

Ich habe Erfahrungen bei … gemacht.
Ich habe Freude an …
Ich bin gut in/im / in der …
Ich habe Interesse an …

Ich wünsche mir / erwarte, dass …
Für mich sind … wichtig.
Ich bin kommunikativ/teamfähig/offen/flexibel.

e Adjektivdeklination ohne Artikel – Lies die Beispiele 1–6. Achte auf die Adjektivendungen. Ergänze das *Denk nach*.

1 Wir erwarten gute MS-Office-Kenntnisse.

2 Wir bieten gutes Gehalt.

3 Wir bieten engagierten jungen Leuten ein Praktikum an.

4 Interessanter Job mit guter Bezahlung!

5 Gute Deutschkenntnisse sind erwünscht.

6 Wir bieten interessante Arbeit in jungem Team.

Denk nach

	m	n	f	Plural
N	…	-s	-e	…
A	-n	…	…	…
D	-m	…	…	…
G	-n	-n	-r	-r

f Arbeitet zu zweit. Schreibt eine Anzeige.

interessante Arbeit – junger Informatiker – kreatives Team – vollständige Bewerbungen – engagierte Praktikantin – gute Bezahlung – interessanter Job – gute Computerkenntnisse

Wir suchen junge Praktikantin, die in kreativem Team arbeiten möchte.
Wir erwarten …
Wir bieten … an.

2 Schriftliche Bewerbung

a Was gehört in eine Bewerbungsmappe (auf Papier oder als Datei) und was nicht? Wähle aus.

- Foto der Familie
- Empfehlungsschreiben eines Lehrers
- Bescheinigungen von Auslandsaufenthalten
- Bescheinigungen von Praktika, Kursen …
- Empfehlungsschreiben von den Eltern oder von Freunden
- Kopie der Zeugnisse
- Passfoto
- Bewerbungsschreiben
- Lebenslauf
- Tagebuch

b Bring die Unterlagen in eine sinnvolle Reihenfolge.

3 Bewerbungsschreiben

a Ein Bewerbungsschreiben besteht aus sechs Teilen. Ordne 1–6 die Textteile a–g zu.

1. Anrede
2. Einleitung
3. Hauptteil
   – Warum bewerbe ich mich?
   – Warum bin ich der ideale Bewerber?
4. Abschluss
5. Grußformel
6. Anlagen

ⓐ – Lebenslauf
– Fotokopie der letzten zwei Schulzeugnisse
– Praktikumsbescheinigung

ⓑ Ich gehe gerne mit Menschen um, arbeite oft am Computer und lese in meiner Freizeit viel, um mich über die aktuelle wirtschaftliche Lage zu informieren.
Zu meinen Stärken gehört auch die Fähigkeit, mich schnell in neue Bereiche einzuarbeiten. Ich bin kreativ, teamfähig und offen. Ich bringe gute Deutsch- und Englischkenntnisse mit.

ⓒ Mit freundlichen Grüßen

ⓓ Sehr geehrte Damen und Herren,

ⓔ mit Interesse habe ich Ihre Anzeige vom 12.03. in der Tageszeitung gelesen. Sie bieten eine Ausbildung zur Einzelhandelskauffrau an. Hiermit bewerbe ich mich für diese Stelle.
Zurzeit bin ich in der 12. Klasse des BRG-Salzburg.
Im Sommer werde ich die Schule mit der Matura abschließen.

ⓕ Besonders interessant finde ich bei Ihrer Ausbildung, dass man sowohl die Theorie als auch die Praxis des Einzelhandels kennenlernt.

ⓖ Für ein Bewerbungsgespräch komme ich gerne zu Ihnen und freue mich über eine Einladung.

b Wähle eine Anzeige auf Seite 98 aus und schreib dein Bewerbungsschreiben.

4 Wie schreibt man einen Lebenslauf?

a Lies den Text und die Aufgaben 1–3. Was ist richtig: a, b oder c?

Der Lebenslauf

Früher wurde ein Lebenslauf mit der Hand geschrieben. In den letzten Jahren schreibt man für fast alle Firmen einen tabellarischen Lebenslauf. Die große Gefahr bei der Verwendung eines Computers ist, dass man einen Lebenslauf einmal schreibt und dann immer wieder für alle möglichen Bewerbungen verwendet: Man muss genau darauf achten, dass das Datum auf dem Lebenslauf und im Bewerbungsschreiben gleich ist.

Für jede Bewerbung sollte man den Lebenslauf an die Firma anpassen. Für jede Firma muss man folgende Fragen beantworten: Welche meiner Interessen und Fähigkeiten passen gut zum Beruf? Welche Praktika, Ferienjobs oder Weiterbildungen sind hilfreich für den Beruf oder die Firma?
Und man darf nicht vergessen, den Lebenslauf zu unterschreiben.

1. Den Lebenslauf schreibt man …
   a immer mit der Hand.
   b meistens tabellarisch.
   c nur mit dem Computer.

2. Wenn man den Lebenslauf mit dem Computer schreibt, …
   a macht man keine Fehler.
   b kann ihn immer wieder ohne Veränderungen verwenden.
   c vergisst man oft, das Datum zu ändern.

3. Den Lebenslauf muss man …
   a immer unterschreiben.
   b immer unverändert lassen.
   c immer ganz neu schreiben.

b Lies den Lebenslauf. Welche Überschriften passen zu 1–5? Zwei bleiben übrig.

Schulbildung – Besondere Kenntnisse – Persönliche Daten – Sport – Engagement und Interessen – Praktische Erfahrungen – Sprachkenntnisse

LEBENSLAUF von Ashtar Baschir

Schillergasse 104 | 04104 Leipzig
ashtar.baschir@example.de
Tel: 0341 25659113

1 ______________________

- geboren am 12. März 1998 in Mossul, Irak
- seit 2002 in Deutschland
- Eltern
  Vater: Khalid Baschir, Elektroingenieur
  Mutter: Ninive Baschir, Hausfrau

2 ______________________

2004–2008	Lessingschule, Leipzig
2008–2014	Michael-Ignaz-Schmidt-Realschule, Würzburg
seit 2014	Ursula-Gymnasium, Würzburg

3 ______________________

05/2013	3 Wochen Praktikum bei Interkom GmbH, Würzburg (Kundenservice)
02/2015	6 Monate Computerkurs, Optimus IT Würzburg 2008: Windows 11, MS-Office, Adobe In-Design

4 ______________________

Arabisch	muttersprachlich in Wort und Schrift
Englisch	B2
Französisch	A2/B1

5 ______________________

2008–2014	Klassensprecherin
seit 2014	Mitarbeit in der Schülerzeitung
seit 2011	Fußball SV Würzburg
seit 2008	Briefe schreiben: ständiger Kontakt mit Brieffreundinnen in den USA und im Irak

Würzburg, 19. August

Ashtar Baschir

c Schreib deinen eigenen Lebenslauf nach dem Beispiel.

Projekt

Praktikums- und Ausbildungsstellen

Suche im Internet nach Praktikums- oder Ausbildungsstellen in den deutschsprachigen Ländern, die dich interessieren. Wähle eine aus und stelle sie in der Klasse vor.

Suchwörter: Praktikumsvermittlung, Praktika, Lehrstellenbörse.

1 Sprechen – Präsentation

a Maria Bethania trägt ihre Präsentation zum Thema „Pferde" vor. Hör zu und notiere danach eine Minute lang die wichtigsten Informationen, die du dir gemerkt hast.

b Vergleicht in der Klasse.

c Hör jetzt noch einmal und überlege: Was macht Maria gut? Was könnte sie besser machen? Beachte diese Punkte: Inhalt, Gliederung, Vortragsstil.

d Welche Wörter fallen Maria nicht ein? Was könnte sie tun?

Man muss sehr auf die Gesundheit von Pferden ?, vor allem auf die Hufe. Pferde sind große Tiere und das ganze ? ist auf den vier Hufen. Deshalb können sie sich sehr leicht an den Hufen ?.

Tut mir leid, mir fällt das Wort nicht ein. Ich will sagen …
Ich komme nicht auf das Wort, wie heißt noch einmal … auf Deutsch?

Tut mir leid, mir fällt das Wort nicht ein. Ich will sagen, dass man viel für die Gesundheit machen muss.

e Lies die Tipps für gute Folien.

Tipp

1. Wenig Text: nicht mehr als 30–35 Wörter auf einer Folie. Die Folie illustriert und gliedert die Präsentation. Sie **ist nicht** die Präsentation.
2. Große Schriften: Die Schrift muss aus der Entfernung lesbar sein.
3. Nur eine oder zwei Schriftarten: z. B. eine für den Text und eine für die Überschriften.
4. Keine Schriften auf dunklem Grund: Rot auf grün ist z. B. fast nicht lesbar.
5. Nur eine oder zwei Arten Aufzählungszeichen (•, –) verwenden.
6. Hintergrundbilder unter einem Text vermeiden.
7. Lieber wenige große, interessante Bilder als viele kleine Fotos.
8. Texte und Bilder klar gliedern.

f Hier sind zwei Folien aus Marias Präsentation. Arbeitet in Gruppen. Was ist gut? Was kann man besser machen?

Pferde

Warum habe ich das Thema gewählt?
• Mein Leben mit Pferden
· Pferde früher
– Sportarten
* Pferde und junge Leute

Folie 1

Früher waren die Pferde überall wichtige Arbeitstiere und vor der Zeit des Autos das wichtigste Transportmittel. Heute benutzt man sie in den meisten Ländern nur noch in der Freizeit. Neben dem Springreiten gibt es noch andere Reitsportarten, z. B. Pferderennen, Wanderreiten, Polo, Dressurreiten oder auch Rodeo. Die Pferdeweibchen nennt man Stuten und die Männchen Hengste. Die jungen Pferde heißen Fohlen.

Folie 4

g Arbeitet zu zweit. Sucht euch ein Präsentationsthema aus. Und macht dazu eine Folie. Stellt eure Folie in der Klasse vor und sprecht darüber.

2 Sprechtraining – Einen Text interessant sprechen

a Hör zu. Welche Wörter sind betont?

b Hör noch einmal. Wo macht der Sprecher Pausen? Markiere.

c Hör noch einmal und sprich mit dem Sprecher mit.

Heiße Luft

Ein Mann in einem Ballon hat sich verirrt. Er geht tiefer und sieht eine Frau am Boden. Er sinkt noch weiter ab und ruft: – „Entschuldigung, können Sie mir helfen?“ „Vielleicht“, antwortet die Frau. „Ich wollte zu einem Freund fahren und jetzt weiß ich nicht, wo ich bin.“ Die Frau antwortet: „Sie sind in einem Heißluftballon in ungefähr 10 Metern über dem Boden. Sie sind bei etwa 50 Grad nördlicher Breite und 8 Grad östlicher Länge.“

„Sie müssen Wissenschaftlerin sein“, sagt der Ballonfahrer. „Bin ich", sagt die Frau. „Woher wissen Sie das?“ „Ihre Informationen sind zwar wissenschaftlich korrekt, aber ich habe keine Ahnung, was ich damit anfangen soll, und ich weiß immer noch nicht, wo ich bin. Sie waren leider keine große Hilfe.“

Die Frau antwortet: „Sie müssen Manager sein. Sie wissen weder, wo Sie sind, noch wohin Sie fahren. Sie sind mit Hilfe von viel heißer Luft in Ihrer Position. Sie haben etwas versprochen, von dem Sie nicht wissen, wie Sie es einhalten können, und erwarten, dass andere Ihre Probleme lösen. Sie haben das gleiche Problem wie vor unserem Treffen, aber jetzt bin ich an Ihrem Problem schuld!“

3 Eine Zusammenfassung schreiben

a Lies die Überschrift. Was für einen Text erwartest du?

Alles war ganz anders – Zum Schüleraustausch in England und Kanada

b Lies nun den Text. Waren deine Erwartungen richtig?

1 Zum Unterricht nach Vancouver und Yarmouth: Zwei deutsche Austauschschüler erzählen von ihren Erfahrungen in Kanada und England. „Ich würde es auf jeden Fall noch einmal machen." In diesem Punkt sind sich Azmi Yala und Max Dreier einig, auch wenn ihre Erfahrung ganz unterschiedlich sind.

2 Der 17-jährige Azmi, der aus einem kleinen Dorf in Nordhessen kommt, war ein halbes Jahr in Vancouver und schwärmt von dem Leben in Kanada. „Es war so anders als hier. Ich habe in einer wunderschönen großen Stadt gelebt, die sowohl Berge als auch Meer zu bieten hat."

3 Das war für den 18-jährigen Max ganz anders. Er kommt aus Berlin und ist großstädtisches Leben gewohnt. Yarmouth ist aber eine kleine Stadt, und auf der ganzen Isle of Wight ist im Winterhalbjahr nicht viel los. „Ich habe schon manchmal das Leben in Berlin mit meinen Freunden vermisst", sagt er. „Aber meine Gastfamilie war total nett und hat immer viel mit mir zusammen unternommen. Ich habe wirklich Glück gehabt mit meiner Familie."

4 Azmi hingegen hat in seinem Auslandsjahr nach einem halben Jahr die Familie gewechselt. „Meine erste Gastfamilie war sehr streng und hatte nicht viel Zeit für mich. Außerdem wohnte sie sehr weit von meiner Schule entfernt. Ich war in der Zeit sehr einsam und hatte Heimweh. Meine zweite Familie war super, ich hatte einen Gastbruder, der nur ein Jahr jünger war. Mit ihm habe ich viel zusammen gemacht, wir sind Ski und Kanu gefahren. Es gibt tolle Freizeitmöglichkeiten in Vancouver."

5 Auch den Unterricht fand Azmi gut: „Ich hatte bei meinen insgesamt acht Kursen drei mit dem Thema „Kunst". Man hat jeden Tag vier Schulstunden, die allerdings 80 Minuten dauern. Aber die Stunden waren so interessant, dass sie mir kürzer vorkamen als die Schulstunden in Deutschland."

6 Max empfand die Schule ebenfalls als sehr angenehm. „Das Schulleben ist viel entspannter als in Deutschland." Vor allem konnte er sich in der englischen Schule mehr spezialisieren und konnte ungeliebte Fächer abwählen. „Ich mag Mathe und Physik, und in Yarmouth hatte ich jeden Tag Mathe und Physik und musste nicht so viele Stunden in den Sprachen und den anderen Fächern machen. Das war super!"

7 Jetzt sind beide wieder zurück in ihrem Heimatort. Sie denken gerne an ihr Austauschjahr zurück, aber sie freuen sich auch, dass sie wieder mit ihren Freunden in der Heimat zusammen sind. „Immer nur skypen und Kurznachrichten schicken, das hält keine Freundschaft auf die Dauer aus", sagen beide übereinstimmend und sind froh, dass sie ihre Freunde in der Zeit nicht verloren haben.

c Lies noch einmal und notiere Überschriften zu den Absätzen. Was sind die Schlüsselinformationen?

d Lies den Tippkasten und schreib dann eine Zusammenfassung des Textes von 3a.

Tipp

Eine Zusammenfassung schreiben

Schreib einen Einleitungssatz, benenne die Form vom Text – *Bericht, Erzählung, Zeitungsartikel, Artikel auf einer Internetseite* – und beschreibe ganz allgemein das Thema.

Wähle die Schlüsselinformationen aus und gib sie mit wenigen Worten geordnet wieder.
Schreib die Zusammenfassung im Präsens.
Benutze keine wörtliche Rede.

Der Text ist ein Zeitungsartikel / eine Geschichte / …
Der Artikel / Die Geschichte handelt von …
Im Artikel / In der Geschichte geht es um …
In dem Text wird deutlich, dass …
Max / Azni betont/hebt hervor, dass …

R Seite 131: Zusammenfassungen

Literatur

Die Zauberflöte

Wolfgang Amadeus Mozart:
Die Zauberflöte ist vermutlich die berühmteste und am meisten gespielte Oper der Welt.
Die Geschichte ist schnell erzählt: Prinz Tamino kommt in das Land der „Sternflammenden Königin", der Königin der Nacht. Dort wird er von drei Dienerinnen der Königin vor einer Schlange gerettet. Die Damen zeigen dem Prinz das Bild der Königstochter Pamina, die entführt worden ist.
Er verliebt sich sofort und beschließt, die Königstochter zu befreien. Zusammen mit dem Vogelfänger Papageno und mit Hilfe einer Zauberflöte und eines Glockenspiels macht er sich auf die Reise zu Sarastro, in dessen Gefangenschaft sich Tamina befinden soll. Sarastro ist aber kein Bösewicht, sondern ein weiser König. Tamino und Papageno müssen verschiedene Prüfungen bestehen, wobei die wunderbaren Kräfte der Flöte und des Glockenspiels ihnen helfen. Am Ende können sie Pamina nach Hause bringen und der Vogelfänger Papageno bekommt auch noch seine Frau Papagena.

ERSTER AUFTRITT

Tamino
Zu Hilfe*! Zu Hilfe! sonst bin ich verloren,
Der listigen Schlange zum Opfer erkoren.
Barmherzige Götter! schon nahet sie sich;
Ach rettet mich! ach schützet mich!

Die drei Damen
Stirb, Ungeheuer, durch unsere Macht!
Triumph! Triumph! Sie ist vollbracht
Die Heldentat. Er ist befreit
Durch unseres Armes Tapferkeit.

1. Dame – ihn betrachtend
Ein holder Jüngling, sanft und schön.

2. Dame
So schön, als ich noch nie gesehn.

3. Dame
Ja, ja, gewiss zum Malen schön.

Alle drei
Würd' ich mein Herz der Liebe weih'n,
So müsst es dieser Jüngling sein.
Lasst uns zu unsrer Fürstin eilen,
Ihr diese Nachricht zu erteilen.
Vielleicht, dass dieser schöne Mann
Die vorige Ruh' ihr geben kann.
[...]

Tamino fällt in Ohnmacht. Drei Damen kommen ihm zu Hilfe, jede mit einem silbernen Speer bewaffnet. Die drei sind Dienerinnen der „Königin der Nacht". Sie streiten sich zuerst darum, wer bei dem schönen Jüngling bleiben darf und gehen schließlich zu dritt zur Königin, um ihr von dem schönen und tapferen Mann zu berichten, der vielleicht die entführte Tochter der Königin retten könnte.
Papageno, der Vogelfänger, findet Tamino und die tote Schlange. Er tut so, als ob er Tamino gerettet habe und wird gleich darauf von den Damen für seine Lüge bestraft.

Die drei Damen drohend
Papageno

Papageno
Was muss ich denn heute verbrochen haben, dass sie gar so aufgebracht wider mich sind? –
Hier, meine Schönen, übergeb' ich meine Vögel.

1. Dame – reicht ihm Wasser
Dafür schickt dir unsre Fürstin heute zum ersten Mal statt Wein reines helles Wasser.

2. Dame
Und mir befahl sie, dass ich, statt Zuckerbrot, diesen Stein dir überbringen soll. – Ich wünsche, dass er dir wohl bekommen möge.

Papageno
Was? Steine soll ich fressen?

3. Dame
Und statt der süßen Feigen hab' ich die Ehre, dir dies goldene Schloss vor den Mund zu schlagen.

1. Dame
Du willst vermutlich wissen, warum die Fürstin dich heute so wunderbar bestraft?

Papageno bejaht es.

2. Dame
Damit du künftig nie mehr Fremde belügst.

3. Dame
Und dass du nie dich der Heldentaten rühmst, die andre vollzogen.

1. Dame
Sag' an! Hast du diese Schlange bekämpft?

Papageno deutet nein.

2. Dame
Wer denn also?

Papageno zeigt, dass er es nicht weiß.

Wir waren's, Jüngling, die dich befreiten. – Zittre nicht! Dich erwartet Freude und Entzücken. – Hier, dies Gemälde schickt dir die große Fürstin; es ist das Bildnis ihrer Tochter – findest du, sagte sie, dass diese Züge dir nicht gleichgültig sind, dann ist Glück, Ehr' und Ruhm dein Los. – Auf Wiedersehen.

*Die Rechtschreibung haben wir angepasst.

Prinz Tamino verliebt sich in das Bild von Pamina, der Tochter der Königin der Nacht. Er wird von der Königin der Nacht zu Sarastro geschickt, um ihre Tochter zu befreien. Papageno begleitet ihn.

20 Mauer, Grenze, Grünes Band

Das lernst du

- Über geschichtliche Ereignisse sprechen
- Über Abläufe in der Vergangenheit sprechen
- Geschichtliche Ereignisse vergleichen

1 1933 kamen die Nazis an die Macht.

2 Im Zweiten Weltkrieg starben über 50 Millionen Menschen.

3 In den Gaskammern der Konzentrationslager ermordeten die Nazis viele Millionen Menschen.

4 Vom 13. 8. 1961 bis zum 9. 11. 1989 war Berlin durch eine Mauer geteilt.

5 Am 9. 11. 1989 wurde die Mauer geöffnet.

6 Wo früher die Grenze Deutschland teilte, ist heute das „Grüne Band".

1 Geschichte in Europa

a Seht euch die Fotos an und notiert, was ihr zu den Themen schon wisst.

b Arbeitet zu viert. Lest einen der Texte. Sucht zuerst die passenden Bilder auf Seite 108. Fasst dann die wichtigsten Informationen für die anderen Gruppen zusammen.

A Nachdem die Nazis 1933 **an die Macht gekommen waren**, begannen sie mit den Vorbereitungen für den Krieg. Der Zweite Weltkrieg begann 1939 mit dem Überfall Deutschlands auf Polen. Sechs Jahre später, am 8. Mai 1945, endete der Krieg. Über 50 Millionen Menschen hatten ihr Leben in diesem Krieg verloren. 20 Millionen von ihnen waren Bürger der Sowjetunion (Russen, Ukrainer, Georgier ...). Während des Krieges hatte die nationalsozialistische deutsche Regierung mit der systematischen Ermordung der Juden begonnen. 6 Millionen Juden starben in den **Konzentrationslagern**.

B 1945 wurde Deutschland geteilt. Ab 1949 gab es zwei deutsche Staaten, die Bundesrepublik Deutschland (BRD) und die Deutsche Demokratische Republik (DDR). Die DDR war keine **Demokratie**. Eine Partei (SED) kontrollierte die ganze Gesellschaft. Die Wirtschaft funktionierte in der DDR nicht gut. Die BRD dagegen erlebte ein **Wirtschaftswunder** und erholte sich schnell vom Krieg. Nachdem viele Menschen die DDR aus wirtschaftlichen und politischen Gründen verlassen hatten, baute die DDR-Regierung um Westberlin eine Mauer und an der Grenze zur BRD einen breiten Grenzstreifen. An dieser Grenze starben von 1961 bis 1989 über 150 Menschen, die die DDR verlassen wollten. Nachdem in der Sowjetunion und anderen Ländern der Kommunismus zu Ende gegangen war, fiel nach monatelangen Protesten der DDR-Bürger auch die Berliner Mauer. Am 3.10.1990 war die Teilung Deutschlands schließlich beendet.

C Als die Grenze weg war, sahen einige Umweltschützer die Chance, ein ganz besonderes Stück Natur zu retten: den ehemaligen Grenzstreifen zwischen der Bundesrepublik und der DDR. Sie begannen das Projekt das „Grüne Band". Das Ziel: etwa 1400 Kilometer der alten deutsch-deutschen Grenze sollen **unter Naturschutz gestellt** werden. So kann dort die Tier- und Pflanzenwelt geschützt werden, die sich in den 40 Jahren der deutschen Teilung entwickelt hat. Das Besondere am „Grünen Band" ist die Verbindung von Geschichte und Naturschutz und die **Verknüpfung** von vielen Naturlandschaften in einem **durchgehenden** Band. Das gibt es sonst nirgendwo auf der Welt. Bald wurde die Idee größer. Heute soll nicht nur die frühere **innerdeutsche Grenze** unter Naturschutz gestellt werden, sondern die ganze über 8000 Kilometer lange Grenze, die Europa von 1945 bis 1989 vom Eismeer im Norden bis zum Schwarzen Meer im Süden geteilt hat. Ein wirklich großes Projekt, dessen Ausgang ungewiss ist.

c Zu welchen markierten Wörtern in den Texten passen die Erklärungen/Beispiele?

Text A/B

1. Ein politisches System mit freien Wahlen, wo man ohne Angst seine Meinung sagen kann.
2. Sie kamen an die Regierung und konnten die Politik diktieren.
3. Orte, an denen Menschen eingesperrt und viele von ihnen getötet wurden.
4. Ein Boom: Allen geht es schnell wirtschaftlich besser.

Text C

5. ohne Lücke / an einem Stück
6. der Versuch, die Natur zu retten
7. Zwei oder mehrere Teile werden ein Ganzes.
8. die Grenze zwischen der DDR und der BRD

d Lies die Texte genau und schreib dann zu jeder Zahl eine Information mit deinen eigenen Worten.

1933 – 1939 bis 1945 – 1949 – 1961 – 1989 – 50 Millionen – 6 Millionen – 9. 11. – 1400 – 40 – 8000 – 1945 bis 1989

e Recherchiert im Internet: Wie ist das Projekt „Grünes Band" weitergegangen?

2 Vor der Vergangenheit: Plusquamperfekt

a Wie steht das in den Texten? Lies vor und ergänze dann das *Denk nach*.

1. Die Nazis kamen an die Macht. Sie begannen mit den Vorbereitungen für den Krieg.
2. Der Krieg endete 1945. Von 1939 bis 1945 verloren über 50 Millionen Menschen ihr Leben.
3. Viele Menschen verließen die DDR. Die Regierung baute eine Mauer.
4. In der Sowjetunion war der Kommunismus zu Ende gegangen. Die DDR-Regierung öffnete die Mauer.

Denk nach

	Plusquamperfekt	Präteritum/Perfekt
Nachdem die Nazis an die Macht Nachdem ich den Film im Kino	gekommen waren, gesehen …,	begannen sie den Krieg. habe ich mir das Buch dazu gekauft.

b Überlege: Was war zuerst (a oder b) und was kam dann?
Verbinde dann die Sätze mit *nachdem* und benutze das Plusquamperfekt.

1. a) Ich bin ins Schwimmbad gegangen. b) Ich habe meine Hausaufgaben gemacht.
2. a) Marina kam in die Klasse. b) Fred hat Susi verlassen.
3. a) Ich habe genug Geld verdient. b) Ich bin in Urlaub gefahren.
4. a) Wir mussten wieder arbeiten. b) Die Ferien waren zu Ende.
5. a) Stevenson konnte die Eisenbahn erfinden. b) Watt hat die Dampfmaschine erfunden.
6. a) Die Grenze war gefallen. b) Umweltschützer hatten die Idee mit dem „Grünen Band".

1. b) + a) Nachdem ich meine Hausaufgaben gemacht hatte, bin ich …

3 Jugendliche und Geschichte

a Du hörst ein Interview mit Madita und Peer. Was haben die Fotos damit zu tun?

Peer

Madita

Deutsches Geschichtsbuch

Ring der Erinnerung im „Grünen Band"

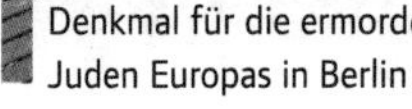
Denkmal für die ermordeten Juden Europas in Berlin

Umweltverschmutzung

b **Lies die Aussgan 1–10 und hör das Interview noch einmal. Welche Aussagen sind richtig, welche falsch? Korrigiere die falschen Aussagen.**

1. Madita interessiert sich nicht für Geschichte. Sie interessiert sich für Umweltschutz.
2. Peer will später mal Geschichte studieren und Lehrer werden.
3. Peer hat schon viel vom „Grünen Band“ gehört.
4. Peer interessiert sich nicht sehr für Umweltschutz, aber das „Grüne Band“ findet er gut.
5. Madita meint, dass man in „Geschichte“ zu viel lesen muss.
6. Madita glaubt, dass man in der Schule mehr Projekte machen müsste.
7. Peer meint, dass gerade in Deutschland der Geschichtsunterricht sehr wichtig ist.
8. Madita weiß, wer Karl V. war.
9. Peer sagt, dass man die Probleme nicht lösen kann, wenn man die Geschichte nicht kennt.
10. Peer und Madita sind einer Meinung, dass sich nicht jeder für das Gleiche interessieren muss.

4 Deutschland und mein Land

Wo gibt es geschichtliche Gemeinsamkeiten? Fragt eure Eltern und Verwandten.

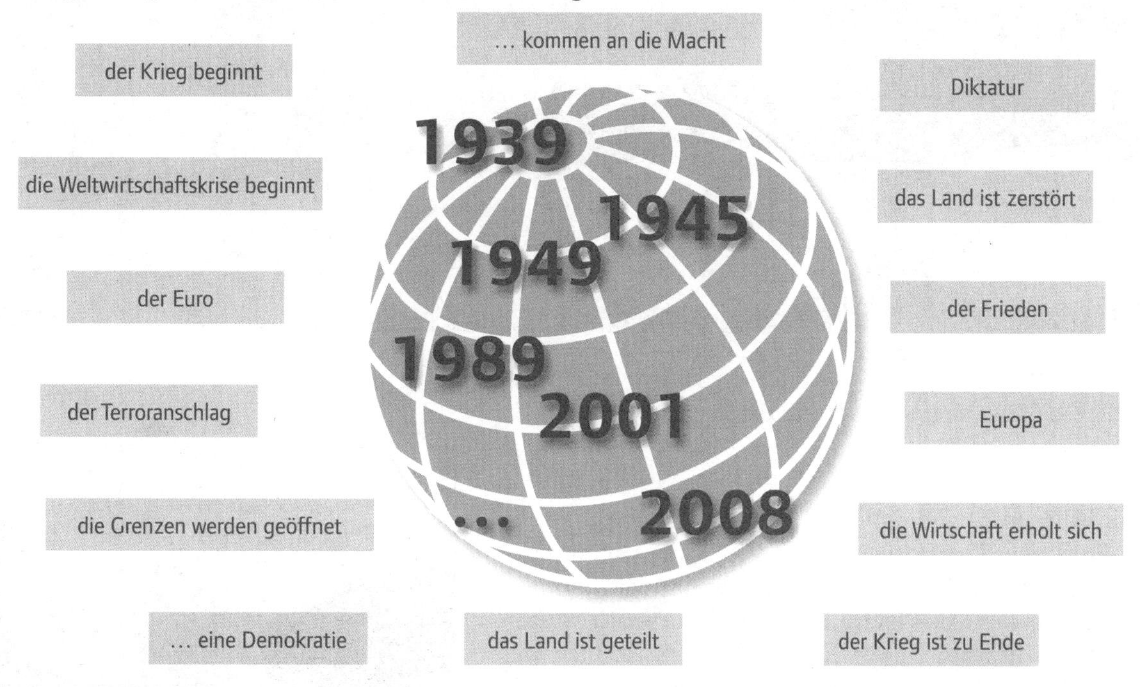

Projekt

Wähle einen Vorschlag aus.

A Drei Persönlichkeiten aus der Geschichte von Deutschland, Österreich und der Schweiz:

Martin Luther

Kaiserin Maria Theresia

Wilhelm Tell

B Was ein Ausländer über mein Land wissen sollte.

C Gestalte für dein Land eine Seite wie Seite 108.

21 Tod im Grünen Band

von Christian Baumgarten
und Volker Borbein
Illustrationen: Josef Fraško

Das lernst du

– Einen Kurzkrimi genießen

1 Vorbereitung

Sieh dir die Bilder an und beschreib die Szenen.

2 Teil 1

a Lies bis Zeile 22 und notiere die Hauptpersonen.

Es ist ein warmer Samstagabend im Juli. Die Kirmes in Witzenhausen ist in vollem Gang. Die Wahl der Kirschkönigin beginnt bald. Besucher des Festes haben sich im großen Festzelt versammelt. Eine Musikkapelle spielt. Dagmar und Edgar Held tanzen.
5 Sie lassen keinen Tanz aus. Sie genießen den Abend. Beide sind glücklich.
Die Blasmusik macht eine Pause. Edgar bringt seine Frau an den Tisch des Schützenvereins zurück.
Ein dunkelhaariger, dicker, älterer Mann winkt Edgar Held zu.
10 „Entschuldige bitte, Dagmar, ich bin gleich zurück."
Edgar geht auf den Mann zu.
„Bring die Ware weg. Sofort. Die Zeit drängt. Sei vorsichtig, niemand darf dich sehen", sagt der dicke Mann herrisch.
„Das ist das letzte Mal. Wenn das rauskommt, bin ich dran und
15 nicht du! Ich will die doppelte Summe in bar, noch heute Abend!"
„Ich werde das bezahlen, was du verdienst!"
Edgar geht an den Tisch zurück. Er nimmt seine Frau beiseite.
„Ich muss dringend weg. Frag jetzt nicht, warum. Ich erzähle es dir später."
20 Er gibt seiner Frau einen Abschiedskuss.
Dagmar sieht, wie ihr Mann mit dem Fremden das Festzelt verlässt.

b Stellt Vermutungen an: Warum muss Edgar Held weggehen? Was hat er vor?

Ich glaube, dass ...	etwas Kriminelles vorhaben
Vielleicht ...	etwas Ungesetzliches tun
Es kann sein ...	erpresst werden
	schmuggeln / Schmuggler

c Schreibt Frau Helds Gedanken auf.

 Teil 2

a Lies nun bis Zeile 44. Was ist die Geschichte von Frau Held und Wolfgang Müller?
Stellt euch vor, Herr Edgar Held kommt zurück ins Zelt. Spielt die Szene zwischen ihm und Wolfgang Müller.

„Darf ich dich um den nächsten Tanz bitten?"
Erstaunt dreht sich Dagmar um.
25 „Ich glaube es nicht! Du hier in Witzenhausen?"
„Wie du siehst", antwortet Wolfgang Müller, „ich wollte dich unbedingt wiedersehen.
Ich habe dich nie vergessen. Ich habe immer an dich gedacht."
Dagmar wird rot. Vor Jahren hatte sie eine Beziehung mit ihm. Wolfgang war unglaublich eifersüchtig.
Die Beziehung ging auseinander. Die Trennung war dramatisch. Es gab einen heftigen Streit. Wolfgang
30 schwor damals Rache.
„Das wirst du noch bereuen, tief bereuen. Mich lässt man nicht sitzen!" Mehr sagte er nicht.
Dann verschwand er aus Witzenhausen.
„Nein! Ich tanze nicht mit dir. Lass mich in Ruhe! Mein Mann kann jeden Augenblick zurückkommen."
„Das glaube ich nicht", erwidert Wolfgang. „Ich bin sicher, dass dein Mann nicht wiederkommt!"
35 Wolfgang setzt sich ganz dicht neben Dagmar. Erinnerungen kommen in ihr hoch, unangenehme Erinnerungen. Sie versucht alles, damit Wolfgang das Zelt verlässt. Endlich steht er auf. Bevor er weggeht, sagt er mit leiser, drohender Stimme: „Ich kriege doch noch, was ich haben will. Denke daran!"
Gegen Mitternacht verlässt Dagmar mit den Schützenfrauen das Fest. Kirschwein, Kirschschnaps und Bier haben sie schläfrig gemacht. Zuhause angekommen, geht sie sofort ins Bett.
40 Am nächsten Morgen wacht sie sehr früh auf.
Sie fasst neben sich. Das Bett ist leer.
Sie steht auf und sieht nach, ob ihr Mann im Wohnzimmer schläft. Er ist nicht da.
Das Telefon klingelt. „Endlich rufst du an.
Wo bist du, Schatz?"

b Diskutiert: Wo kann Edgar Held sein?

4 Teil 3

a Lies bis Zeile 67. Welche Bilder passen zum Text?

45 „Nein, ich bin es, Bernhard. Kann ich Edgar sprechen? Gleich beginnt das Königsschießen. Wir zählen auf deinen Mann. Er hat dieses Mal die besten Chancen, Schützenkönig zu werden."
„Halt, halt. Edgar ist weg. Er ist nicht nach Hause gekommen."
„Weg? Ich habe ihn doch gestern Abend auf dem Fest gesehen."
50 „Wann?"
„Gegen 21 Uhr. Er ist mit einem Festbesucher weggegangen. Keiner von hier, ein Fremder. Dein Mann schläft bestimmt bei seiner Mutter seinen Rausch aus. Mach dir keine Sorgen."
Dagmar denkt an die Drohung von Wolfgang. „Ich kriege doch noch, was
55 ich haben will".

Dagmar telefoniert herum. Ohne Erfolg. Niemand hat Edgar gesehen. Sein kleiner LKW bleibt genauso verschwunden wie er. Dagmar hat Angst. Sie ruft die Polizei an. Edgar ist nicht aufzufinden. Die Stunden vergehen. Es wird Abend. Dagmar ist verzweifelt. Immer und immer wieder stellt sie
60 sich die Frage, wo ihr Mann sein könnte. Sie versucht, sich an alle Orte zu erinnern, wo sie mit ihrem Mann gewesen ist und wo er gearbeitet hat. Mitten in der Nacht erinnert sie sich an ein Gespräch mit ihm. Es war von einem Bunker im Wald die Rede. Der alte Bunker war in der Todeszone, an der ehemaligen Grenze. Die Leute meiden diese Gegend. Sie ist immer noch
65 gefährlich. Man vermutet hier Minen. Die Minen sollten Menschen damals daran hindern, in die Bundesrepublik Deutschland, in den „Westen" zu fliehen.

b „Dagmar telefoniert herum": Schreibt und spielt die Telefonate: mit der Mutter, mit der Polizei, mit einer Freundin.

5 Teil 4

a Lies nun den Schluss.

Am frühen Morgen des neuen
Tages macht sich Dagmar auf
70 den Weg. Die Natur erwacht.
Tiere kreuzen ihren Weg. Der
Dachs verschwindet in seinem
Bau. Der Fuchs beobachtet sie.
Ein Bussard zieht seine Runden.
75 Für einen Augenblick glaubt sich
Dagmar in einem Märchen.
Dagmar steigt den Berg hoch
und blickt auf die erwachende
Kleinstadt. In der Ferne sieht
80 sie die Burgen Hanstein und
Ludwigstein. Die ehemalige
Grenze wird sichtbar. Ein breites,
grünes Band zieht sich durch die
Landschaft. Ein Schild warnt:
85 „Betreten strengstens verboten.
Naturschutzgebiet!" Dagmar
spürt die Pflastersteine des alten
Grenzwegs unter ihren Füßen. Sie
entdeckt den Bunker. Vor dem
90 Eingang steht ein ausgebrannter
Kleinlaster. Dagmar Held hat nicht
den Mut, genauer hinzusehen.
Sie nimmt ihr Handy.
Kurze Zeit später ist die Polizei
95 vor Ort.

b Dagmar schaut nicht genau hin. Schreib ihre Gedanken auf.

c Die Polizei befragt Dagmar. Schreib mögliche Fragen auf.

Lies die Zeitungsmeldung.

DAS WERRATAL

Rätselhafter Tod im Bunker

Am Montagmorgen wurde die Leiche des Transportunternehmers Edgar H. im Bunker auf dem Johannisberg aufgefunden. In dem Bunker fand die Polizei Fässer mit Giftmüll. Die Polizei vermutet, dass der Unternehmer den Giftmüll illegal entsorgt hat. Eine zweite Leiche konnte noch nicht identifiziert werden.

d Einen Tag später ist auch die zweite Leiche identifiziert und eine Person wurde verhaftet. Der Fall ist gelöst. Aber wie? Erfindet ein Ende und schreibt den Zeitungsartikel oder macht eine Radioreportage.

Alphabetische Wortliste

Die alphabetische Wortliste enthält alle neuen Wörter von prima plus B1 mit Angabe der Einheit und der Aufgabe, wo sie zum ersten Mal vorkommen (14/5b). Fett gedruckte Wörter sind der Lernwortschatz nach den gängigen Prüfungslisten. Bei den Nomen stehen der Artikel und die Pluralform (der Abschluss, "–e).

Manche Nomen kommen (meistens) nur im Singular vor. Hier steht (Sg.). Andere Nomen kommen (meistens) nur im Plural vor. Hier steht (Pl.).

Bei den trennbaren Verben sind die Präfixe kursiv markiert (*auf*stehen). Ein Strich oder ein Punkt unter dem Wort zeigt den Wortakzent: __ langer Vokal oder . kurzer Vokal (Ausland, Anfang).

A

das Abgas, -e 11/3b
*ab*gucken 11/5b
*ab*hauen 14/6a
das Abitur, -e 1/6b
die Abkehr (Sg.) 11/2b
*ab*laufen 11/5b
*ab*legen 12/5b
*ab*lehnen 15/5a
***ab*nehmen 12/2b**
der Abschiedskuss, "-e 21/2a
abschließend 8/7c
der Abschluss, "-e 13/5b
das Abschlusszeugnis, -se 1/2a
der Ackerbau (Sg.) 7/4b
das Adressbuch, "-er 9/2a
sich ähneln 17/4b
ähnlich 9/4b
die Ähnlichkeit, -en 17/4b
akzeptieren 3/4a
alleinerziehend 4/2d
der/die Alleinerziehende, -n 4/2a
allergisch gegen 8/6a
allgemein 11/2b
der Alltag, -e 9/4b
die Alpenüberquerung, -en 16/AT
das Altenheim, -e 9/4b
die Alternative, -n 9/4b
die Amtssprache, -n 17/2b
ander... 6/2a
ändern 1/6b
*an*führen 8/7c
das Angebot, -e 9/4a
der/die Angeklagte, -n 3/2b
der/die Angestellte, -n 12/5b
*an*greifen 2/5a
ängstlich 2/5b
***an*halten 2/5a**
die Anlage, -n 19/3a
*an*legen 3/5a
***an*melden 11/5b**
***an*nehmen 4/3a**
die Anprobe, -n 18/5a
***an*probieren 18/4d**
die Anrede, -n 19/3a
*an*stoßen auf 7/1b
sich *an*strengen für 7/4b
anstrengend 3/1b
der Antrag, "-e 15/5a
der Anwalt, "-e 3/2a
die Anwältin, -nen 3/2a
die Anzeige, -n 19/3a
der Anzug, "-e 18/5a
die Apfelschorle, -n 7/2a
der Apotheker, - 8/6a
die Apothekerin, -nen 8/6a
der Appetit (Sg.) 8/1b
arbeitsfrei 4/3a
das Arbeitsleben (Sg.) 3/5b
der Arbeitsplatz, "-e 4/2c
die Architektur (Sg.) 11/5b
das Argument, -e 12/5b
der/die Arme, -n 7/4b
arrogant 17/3a
die Art und Weise 13/3b
die Athletik (Sg.) 14/4a
atmen 8/4b
die Atomenergie (Sg.) 5/1a
der Atomstrom (Sg.) 11/2b
attraktiv 9/4b
der Aufenthalt, -e 16/3f
auffällig 18/2a
*auf*finden 21/4a
***auf*geben 9/4b**
aufgeräumt 6/3a
***auf*lösen 8/6a**
***auf*nehmen 16/3g**
***auf*passen auf 3/5a**
*auf*wachsen 2/2
der Augenblick, -e 21/3a
***aus*bilden 19/1a**
die Ausbildung , -en 1/6b
*aus*gebrannt 21/5a
ausgebucht 16/4
der Ausdruck, "-e 2/2
auseinander 21/3a
sich auseinandersetzen mit 16/AT
***aus*füllen 16/3d**
der Aushang, "-e 10/AT
die Aushilfe, -n 19/1a
die Aushilfstätigkeit, -en 10/AT
sich *aus*kennen 19/1a
*aus*leeren 6/4a
*aus*reden 10/5a
*aus*reden lassen 12/5b
sich *aus*ruhen 8/5
die Ausrüstung, -en 14/1b
äußere 18/1b
außerhalb 17/3f
***aus*steigen 16/3c**
das Ausstellungshalle, -n 16/2b
***aus*wählen 2/5a**
*aus*wandern 17/2b
der Automat, -en 12/2a
automatisch 5/1e

B

backen 3/5a
die Badewanne, -n 6/1
das Baguette, -s 7/2a
der Ballettunterricht (Sg.) 2/2
die Bankkauffrau, -en 19/1a
der Bankkaufmann, "-er 19/1a
bar 18/5a
der Baron, -e 12/2a
der Bauernhof, "-e 16/AT
der Bauingenieur, -e 3/2a
die Bauingenieurin, -nen 3/2a
der Baum, "-e 6/2a
beantworten 3/4a
bearbeiten 12/1b
der Bearbeiter, - 18/3a
die Bearbeiterin, -nen 18/3a
der Becher, - 12/1b
bedeuten 10/1a
bedeutend 2/2
bedrohen 2/5a
das Bedürfnis, -se 13/5a
beeindrucken 2/5d
beeindruckend 2/5a
beenden 13/3c
der/die Befragte, -n 11/2b
befreien 11/5b
befürchten 4/3a
sich begeistern für 2/2
der Begriff, -e 12/2a
behandeln 13/3a

*bei*bringen 9/4b
beiseite 21/2a
das Beispiel, -e 11/5b
bekannt geben 2/2
bekommen 15/1a
bellen 16/AT
benachrichtigen 9/2a
benachteiligen 2/2
beobachten 21/5a
beraten 3/2b
der Bereich, -e 9/4b
bereit sein 19/1a
bereits 12/2a
bereuen 1/6a
berichten über 2/5a
beruflich 9/4b
die Berufsausbildung, -en 10/1c
der Berufseinstieg, -e 19/1b
berufstätig 4/6d
die Berufswelt (Sg.) 4/4
beschäftigen 7/4b
sich beschäftigen 11/5b
die Bescheinigung, -en 19/2a
beschließen 15/5a
beschreiben 4/5
sich beschweren 7/2b
besetzen 12/2a
das Besondere an 20/1b
der Bestandteil, -e 8/6a
bestehen aus 11/5c
der Bestell-Button, -s 10/3b
die Bestellnummer, -n 10/3b
bestimmen 16/3a
bestimmt 10/AT
betonen 3/4a
der Betreff, -e 9/2a
betreuen 3/2b
der Betrieb, -e 3/2a
bewahren 17/2b
bewegen 14/4a
die Bewegung, -en 8/7a
sich bewerben 10/AT
der Bewerber, - 19/1a
die Bewerberin, -nen 19/1a
die Bewerbung, -en 19/1a
das Bewerbungsschreiben, - 19/2a
die Bewerbungsunterlagen, (Pl.) 19/1a
bewertet 7/3c
bewundern 16/AT
beziehen 11/2b
die Beziehung, -en 21/3a
bezweifeln 9/4d
die Bibliothek, -en 12/5b
die Bierdose, -n 11/4a
bilden 4/2a
die Bildung, -en 2/5a
der Biomüll (Sg.) 11/4b
die Bionik (Sg.) 11/5b
die Biotonne, -n 11/4b
bis zu 5/3b
die Blasmusik (Sg.) 21/2a
blass 8/1b
das Blatt, "-er 11/5b
der Blattspinat (Sg.) 7/2a
blicken 21/5a
der Blog, -s 2/5a
blöken 16/AT
die Blue-ray, -s 10/5a
bluten 8/1b
der Boom, -s 20/1c
breit 20/1b
die Bremse, -n 16/2b
brennen für 2/2
die Brücke, -n 3/1b
das Bügeleisen, - 11/4a
die Bundeskanzlerin, -nen 15/1a
der Bundeskanzler, – 15/1a
das Bungee 14/1b
der Bungeesprung, "-e 14/1b
der Bunker, - 21/4a
der Bürger, - 11/4d
die Bürgerin, -nen 11/4d
die Bürgerinitiative, -n 5/4e
der Bussard, -e 21/5a

C

der Champignon, -s 7/2a
der Charakter, die Charaktere 18/1a
der Chip, -s 12/4b
der Choreograph, -en 2/2
die Choreographin, -nen 2/2
das CO_2 (Sg.) 11/3b
die Creme, -s 9/1b

D

d. h. (das heißt) 11/2b
da sein für 4/2a
das Dachgeschoss, -e 6/1
der Dachs, -e 21/5a
damals 2/2
die Dampfmaschine, -n 12/1a
darum 1/6a
die Daten (Pl.) 19/4b
auf Dauer 5/3a
***dazu*gehören 4/5**
definieren 11/5b
die Demokratie, -n 9/1c
demokratisch 15/1a
denkbar 5/3a
denn 8/3b
das Design, -s 3/2b
deswegen 1/6a
das Diagramm, -e 17/5a
der Dialekt, -e 17/2b
dicht 21/3a
diesmal 16/3a
die Diktatur, -en 20/4
die Direktion, -en 15/1a
diskriminieren 14/4a
die Diskussionsleitung, -en 12/5c
diskutieren über 15/1a
dramatisch 21/3a
drängen 21/2a
das Dressing, -s 7/2a
dringend 8/5
das Drittel, - 4/6b
drohen 21/3a
die Drohung, -en 21/4a
das Duett, -e 2/2
dunkelhaarig 21/2a
durcheinanderbringen 6/4a
durchgehend 20/1b
***durch*lesen 10/2a**
der Durchmesser, - 5/3b
durchschnittlich 4/6a

E

der Effekt, -e 11/5b
ehemalig 20/1b
eher 3/5a
die Eigenschaft, -en 3/Projekt
ein wenig 1/6c
sich *ein*arbeiten in 19/3a
*ein*bauen 5/3b
*ein*beziehen 15/5a
einfach 7/2c
das Einfamilienhaus, "-er 5/3a
der Einfluss, "-e 18/1b
sich einig sein 16/AT
die Einigung, -en 13/5a
die Ein-Kind-Familie, -n 4/2c
die Einleitung, -en 15/6c
sich *ein*mischen 4/4
***ein*nehmen 8/6a**
***ein*richten 6/2b**
die Einrichtung, -en 4/2c
die Einschaltzahl, -en 14/4a
***ein*setzen 12/2a**
sich *ein*setzen für 2/2
*ein*sperren 20/1c
*ein*stehen für 14/4a
die Einstellung, -en 2/2
*ein*tauchen 16/AT
der Einzelhandel (Sg.) 19/3a

die Einzelhandelskauffrau, -en 19/3a

der Einzelhandelskaufmann, "-er 19/3a

das Einzelkind, -er 4/2d

einzeln 18/3a

die Einzelperson, -en 5/1a

die Eisenbahn, -en 20/2b

elastisch 11/5b

die Elastizität (Sg.) 14/1b

elektronisch 10/3b

die Elternvertretung, -en 15/1a

die Elternzeit, -en 4/3a

der Empfänger, - 9/2a

die Empfängerin, -nen 9/2a

empfehlen 3/Projekt

das Empfehlungsschreiben, - 19/2a

empfinden 18/3a

enden 20/1b

die Energiewende, -n 11/2a

das Engagement, -s 2/2

sich engagieren 2/3c

entdecken 7/4b

die Entdeckung, -en 6/2a

entscheiden 10/1b

sich entscheiden 5/2c

entsorgen 21/5c

sich entspannen 6/2b

entspannt 18/1a

die Entspannung, -en 18/1a

die Entspannungsübung, -en 8/7a

entstehen 7/4b

entweder ... oder 5/2a

sich entwickeln 14/4a

die Entwicklung, -en 11/5b

die Erde (Sg.) 5/3b

die Erderwärmung, -en 11/2b

der Erdofen, "- 7/4b

erfahren 11/4b

der Erfahrungsbericht, -e 9/4b

erfinden 2/2

erforschen 3/3a

erfragen 13/3a

erfüllen 1/2a

sich erholen von 20/1b

sich erinnern an 21/4a

die Erinnerung, -en 16/AT

die Erkältung, -en 8/6a

erkennen 3/4a

die Erkrankung, -en 8/6a

das Erlebnis, -se 14/1b

ermorden 20/1a

die Ernährung, -en 7/4b

der Ernährungsberater, - 8/7a

die Ernährungsberaterin, -nen 8/7a

erneuerbar 11/2a

***ernst*nehmen 16/5a**

erpressen 21/2b

erproben 12/5b

erscheinen 1/2a

erst einmal 1/6a

erstaunt 21/3a

die Erstsprache, -n 17/2b

erwachen 21/5a

der/die Erwachsene, -n 9/4b

erwarten 19/1a

erwidern 21/3a

erwünscht 19/1a

die Erziehung, -en 4/3a

die Essensausgabe, -n 12/2a

der Essensrest, -e 11/4a

die EU (Sg.) 17/2b

eventuell 5/3b

das Experiment, -e 18/3a

der Experte, -n 8/7a

die Expertin, -nen 8/7a

extrem 16/1e

der Extremsport, die Extremsportarten 14/3a

F

fair 2/2

auf keinen Fall 8/3b

die Falte, -n 18/1a

der Familienminister, - 4/4

die Familienministerin, -nen 4/4

die Familienunternehmung, -en 14/5b

fantasieren 6/2a

das Fass, "-er 21/5c

fassen 21/3a

faszinieren 12/2a

faszinierend 16/AT

faul sein 6/3f

der Faustkeil, -e 12/1a

die Fee, -n 1/2a

fehlen 8/3b

der Fehler, - 10/5c

der Feiertag, -e 15/Projekt

das Feld, -er 7/4b

das Fell, -e 11/5b

die Ferne, -n 21/5a

die Fernsehübertragung, -en 14/4a

sich festkrallen 11/5b

***fest*stellen 9/4b**

das Festzelt, -e 21/2a

der Fetakäse, - 7/2a

das Feuer, - 7/4b

die Figur, -en 18/1b

finanzieren 9/2a

der Fitnesstrainer, - 8/7a

die Fitnesstrainerin, -nen 8/7a

die Flasche, -n 11/4a

flexibel 19/1d

fliehen 21/4a

der Flüchtling, -e 9/1b

das Fluggerät, -e 11/5b

der Flyer, - 11/4b

folgen 16/AT

folgende 19/4a

fordern 15/5a

fördern 12/2a

die Formel 1 (Sg.) 14/4d

das Formular, -e 16/3d

formulieren 12/5b

die Formulierung, -en 13/5a

forschen 3/2b

die Forschung, -en 12/2a

der Fortschritt, -e 12/2a

der Frauenberuf, -e 3/1b

das Freeclimbing (Sg.) 14/1b

die Freiheit, -en 14/2a

der/die Freiwillige, -n 9/4a

der/die Fremde, -n 21/2a

die Freude, -n 6/3f

der Frieden (Sg.) 20/4

der Friedensnobelpreis, -e 2/5a

frieren 8/1b

die Frucht, "-e 7/4b

früher 4/6d

der Fuchs, "-e 21/5a

G

das Ganze (Sg.) 20/1c

die Garage, -n 6/1

das Gartenmöbel, - 11/5b

die Gaskammer, -n 20/1a

der Gastgeber, - 17/3c

die Gastgeberin, -nen 17/3c

die Gaststätte, -n 2/2

das Gebäude, - 3/2b

gebraucht 10/4b

geeignet 10/AT

die Gefahr, -en 7/4b

gefährden 11/4d

gegen 2/3b

im Gegensatz zu 7/4b

der Gegenstand, "-e 12/1b

das Gegenteil, -e 2/5b

gegenüber 3/4a

das Gehalt, "-er 4/3a

das Gehirn, -e 8/7a

der Geigenbauer, - 3/1b

die Geigenbauerin, -nen 3/1b

der Geist, -er 6/3a

gelaunt 3/5a

der Geldbeutel, - 16/3d

gelten 16/AT

gemeinnützig 16/AT
die Gemeinsamkeit, -en 17/4b
gemessen an 14/4a
gemischt 7/2a
die Generalprobe, -n 17/5a
die Generation, -en 4/2a
das Genie, -s 6/3a
genießen 21/2a
die Gerechtigkeit, -en 2/2
das Gericht, -e 3/2a
gering 5/1a
geschickt 12/2a
die Gesellschaft, -en 4/3a
das Gesetz, -e 3/2b
das Gespräch, -e 13/3b
der Gesprächspartner, - 5/3b
die Gesprächspartnerin, -nen 5/3b
gestresst 1/2d
gestylt 18/2a
die Gesundheit (Sg.) 8/7a
das Getreide, - 7/4b
die Gewalt, -en 11/2b
die Gewalttat, -en 2/5a
das Gewicht, -e 15/5a
sich gewöhnen an 9/4b
das Gewürz, -e 7/4b
der Giftmüll (Sg.) 21/5c
das Glas (Material) (Sg.) 11/5b
der Glascontainer, - 11/4b
gleich sein 17/4b
die Gleichberechtigung, -en 4/4
der/die Gleichgesinnte, -n 16/AT
die Gliederung, -en 10/2a
global 18/3a
der Globus, -en/ -se 7/4b
glücklicherweise 2/5a
der Gourmet, -s 7/3c
der Grad, -e 8/3b
die Grafik, -en 14/5c
das Gremium, die Gremien 15/1a
der Grenzstreifen, - 20/1b
der Grenzweg, -e 21/5a
grillen 7/5c
großartig 16/AT
die Großfamilie, -n 4/2a
der Großvater, "- 9/1e
das Grundprinzip, -ien 11/5b
grundsätzlich 10/AT
die Grußformel, -n 19/3a
das Gummiseil, -e 14/1b
die Gurke, -n 7/2a
guttun 6/3d
Guten Appetit! 7/1b

H

der Haken, - 11/5b
Halt! 21/4a
sich halten an 10/AT
halten für 11/2b
der Handelskontakt, -e 7/4b
der Händler, - 7/4b
der Handwerker, - 3/2a
die Handwerkerin, -nen 3/2a
die Handzahnbürste, -n 12/8-
die Hängematte, -n 6/1
das Hauptgericht, -e 7/3c
hauptsächlich 4/3a
der Hauptteil, -e 19/3a
die Hausfrau, -en 4/2d
der Haushalt, -e 3/5a
der Hausmann, "-er 4/2c
die Hautfarbe, -n 14/4c
heraus**finden 3/4a**
die Herausforderung, -en 14/4a
*heraus*purzeln 16/3d
herrisch 21/2a
heutig 12/2a
das Highlight, -s 16/AT
hilfreich 7/3c
das Hilfsmittel, - 14/1b
hindern an 21/4a
hin**kommen 16/3f**
hin**sehen 21/5a**
der Hintergrund, "-e 13/4b
der Hinweis, -e 5/1a
hochgesteckt 18/3a
hoch**steigen 21/5a**
die Höchstleistung, -en 16/AT
der Hofball, "-e 17/AT
die Hoffnung, -en 16/3a
der Holophon-Chip, -s 5/3b
das Holz, "-er 6/5b
die Homophobie, -n 2/2
das Hörgerät, -e 3/2b
der Hörgeräteakustiker, - 3/2a
die Hörgeräteakustikerin, -nen 3/2a
der Husten, - 8/3b
die Hütte, -n 6/2d

I

identifizieren 21/5c
illegal 21/5c
illustrieren 17/5a
in bar 21/2a
indem 11/2b
individuell 18/3a
der Industriezweig, -e 12/2a
der Inhalt, -e 17/5a
inhaltlich 10/2a
das Inland (Sg.) 9/4b
innerdeutsch 20/1b
innerhalb 16/3f
das Insekt, -en 7/4b
installieren 3/5a
das Institut, -e 3/3a
das Interesse, -n 19/4a
interpretieren 3/2b
interviewen 6/2a
intolerant 2/3c
die Intoleranz, -en 2/2
irgendwann 1/3a
irgend(et)was 13/2a

J

das Jackett, -s 18/2a
die Jagd, -en 7/4b
jagen 7/4b
der Jäger, - 7/4b
die Jägerin, -nen 7/4b
...-jährige 10/AT
das Jahrzehnt, -e 5/3b
je 4/6a
je ... desto 13/3a
jedoch 10/AT
jemals 5/1a
jobben 10/AT
der Joghurtbecher, - 11/4a
die Joghurtsoße, -n 7/2a
der Journalismus (Sg.) 9/4b
der Jude, -n 20/1b
das Jugendzentrum, -zentren 15/5a
die Justiz (Sg.) 9/1c

K

kaiserlich 7/4b
kämpfen gegen 2/2
das Kanu, -s 14/1b
der Kapitän, -e 2/2
die Kapitänin, -nen 2/2
kaputt**machen 6/4a**
kaputt**gehen 12/1c**
die Karosserie, -n 12/1c
die Kasse, -n 18/5b
der Kassenbon, -s 18/5a
der Kauf, "-e 10/5c
die Kaufsucht (Sg.) 10/3b
kaufsüchtig 10/3b
der Kellner, - 16/3e
die Kellnerin, -nen 16/3e
die Kenntnis, -se 19/1b
der Kick, -s 14/2a
der Kinderchor, "-e 2/2
das Kinderheim, -e 1/6a
der Kinderpate, -n 9/2a
die Kinderpatin, -nen 9/2a
die Kinderpatenschaft, -en 9/2a
die Kinderreitschule, -n 19/1a

das Kinderspielzeug, -e 12/1c
die Kirmes, -sen 21/2a
die Klamotten (Pl.) 13/2a
der Klassensprecher, - 15/1a
die Klassensprecherin, -nen 15/1a
das Kleidungsstück, -e 11/5b
die Klette, -n 11/5b
der Klettverschluss, "-e 11/5b
die Klimakonferenz, -en 11/2b
der Klimaschutz (Sg.) 11/2b
der Klimawandel (Sg.) 11/2a
das Klischee, -s 17/AT
die Knoblauchsoße, -n 7/2a
die Kochkunst, "-e 7/4b
die Kohle, -n 11/2b
der Komiker, - 2/2
die Komikerin, -nen 2/2
die Kommunikation (Sg.) 2/2
kommunikativ 19/1a
der Kommunismus (Sg.) 20/1b
kommunizieren 5/3b
der König, -e 14/6a
die Königin, -nen 14/6a
königlich 7/4b
konkret 11/2b
konstruieren 12/2a
der Konsum (Sg.) 9/1b
der Kontinent, -e 7/4b
das Kontra,-s 10/2a
kontrollieren 3/2b
das Konzentrationslager, - 20/1a
das Kopftuch, "-er 18/3a
die Kopie, -n 19/2a
kopieren 10/5a
körperlich 19/1a
die Körpersprache, -n 17/5a
die Kosmetik, die Kosmetika 18/1a
der Krankenpfleger, - 12/4a
das Kraut, "-er 7/4b
die Kräutersoße, -n 7/2a
die Kreditkarte, -n 18/5a
kreuzen 21/5a
der Krieg, -e 11/2b
kriegen 13/2a
das Kulturangebot, -e 5/4b
die Kulturmetropole, -n 17/5b
sich kümmern um 2/2
der Kundenservice, -s 19/4b
künstlich 11/5c
der Kunststoff, -e 12/1c

L

das Labor, -e 11/5c
die Lage, -n 11/2b
das Lagerfeuer, - 16/AT
das Lamm, "-er 16/AT
die Landschaft, -en 16/AT
die Langeweile (Sg.) 14/2a
länglich 18/2a
sich langweilen 9/4b
laut Gesetz 10/AT
lebensgefährlich 2/5a
das Lebensjahr, -e 10/AT
der Lebenslauf, "-e 19/2a
das Lebensmittel, - 5/3b
der Lebenspartner, - 4/2a
die Lebenspartnerin, -nen 4/2a
der Lebensweg, -e 9/4b
leer 12/2a
die Lehre, -n 19/1a
die Lehrerstelle, -n 2/2
die Leiche, -n 21/5c
leiden an 8/1b
die Leidenschaft, -en 14/4a
sich etwas leisten 10/4a
leiten 3/2b
die Leitung, -en 15/1b
lenken 12/4a
der Lernraum, "-e 12/5b
der Lidschatten, - 18/3a
der **Lieblings**ort, -e 6/2a
das Lob, -e 7/3c
sich lohnen 17/3c
das Lokal, -e 7/3c
losgehen 14/1b
der Lösungsweg, -e 13/3a
die Lotusblume, -n 11/5b
der Lotuseffekt, -e 11/5b

M

die Macht, "-e 20/1a
der/die Mächtige, -n 7/4b
die Magen-Darm-Grippe, -n 8/5
der Magenschmerz, -en 8/3b
der Mais (Sg.) 7/2a
das Make-up, -s 18/2c
der Maniok, -s 7/4b
das Märchen, - 21/5a
das Marmeladenglas, "-er 11/4a
der Mars (Sg.) 5/3b
die Maschine, -n 12/1a
das Material, -ien 11/5b
materiell 2/2
die Matura, - 19/3a
die Mediation, -en 13/5a
der Mediator, -en 13/3a
die Mediatorin, -nen 13/3a
der Mediendesigner, - 3/2a
die Mediendesignerin, -nen 3/2a
das Medikament, -e 8/6a
die Medizin, -en 8/3b
mehrere 9/4b
mehrfach 14/1b
meiden 21/4a
meistgesprochen 17/2b
messen 8/3b
das Metall, -e 12/1b
das Mikroskop, -e 11/5b
die Milchtüte, -n 11/4b
der Minderwertigkeitskomplex, -e 17/3c
die Mine, -n 21/4a
der Minijob, -s 10/AT
die Mitarbeit (Sg.) 19/4b
***mit*bestimmen 1/1a**
***mit*entscheiden 15/5a**
***mit*fahren 1/4b**
***mit*gestalten 15/6c**
***mit*reden 15/1a**
der Mitschüler, - 9/1b
die Mitschülerin, -nen 9/1b
das Mitspracherecht, -e 15/5a
die Mittagszeit, -en 16/3f
mitten 21/4a
mobil 5/3a
das Modell, -e 12/5b
der Moderator, -en 2/2
die Moderatorin, -nen 2/2
momentan 1/6a
der Mond, -e 5/3b
mühsam 11/5b
der Müll (Sg.) 11/4c
das Musikinstrument, -e 3/5a
die Musikkapelle, -n 21/2a
der Mut (Sg.) 2/1c
mutig 2/5a
die Muttersprache, -n 17/2b
der Muttersprachler, - 17/2b
die Muttersprachlerin, -nen 17/2b

N

*nach*ahmen 11/5b
nachdem 20/1
das Nachhaltigkeitsbarometer, - 11/2b
nähen 3/5a
die Nahrung, -en 7/4b
das Nahrungsmittel, - 7/4b
die Nasentropfen (Pl.) 8/4b
die Nation, -en 2/5a
nationalsozialistisch 20/1b
die Naturkatastrophe, -n 11/2a
die Naturlandschaft, -en 20/1b
das Naturschutzgebiet, -e 21/5a
der Nazi, -s 20/1a

die Nebenwirkung, -en 8/6a
das Netz, -e 18/3a
neuartig 11/5b
neugeboren 16/AT
neugierig 3/4c
die Neuigkeit, -en 16/3a
neumodisch 5/1a
nicht nur ... sondern auch 5/2b
nirgendwo 21/1b
der Nobelpreisträger,- 2/5a
die Nobelpreisträgerin, -nen 2/5a
der Nordpol (Sg.) 11/3b
nutzbar 5/1a
nutzen 5/3a
nützlich 10/AT

O

obwohl 9/1b
offen 19/1a
öffentlich 9/1b
die Öffentlichkeit, -en 9/1b
die Ökologie (Sg.) 9/4a
operieren 12/4a
die Opposition, -en 15/Projekt
das Original, -e 5/3b
österreichisch 15/Projekt

P

paarmal 15/1a
pädagogisch 19/1a
die Palme, -n 1/2a
der Papiercontainer, - 11/4b
die Paprika, -s 7/4b
das Parfüm, -s 9/1b
der Parmaschinken, - 7//2a
die Partei, -en 9/1b
der Pass, "-e 16/4
passen zu 7/1b
passend 10/AT
das Passfoto, -s 19/2a
die Patchworkfamilie, -n 4/2a
das Patenkind, -er 9/2a
das Patent, -e 11/5b
peinlich 16/3a
die Peperoni, -s 7/2a
per 9/2a
perfekt 3/4a
die Personalabteilung, -en 19/1a
persönlich 2/4a
die Persönlichkeit, -en 2/4a
die Perspektive, -n 2/2
der Pfad, -e 16/AT
die Pfandflasche, -n 11/4a
der Pfarrer, - 9/2a
die Pfarrerin, -nen 9/2a
der Pfeffer (Sg.) 7/4b
die Pferdepflege, - 19/1a
die Pflanzenwelt, -en 20/1b
der Pflasterstein, -e 21/5a
das Pflegeheim, -e 9/4b
pflegen 3/5a
sich pflegen 18/1a
die Phase, -n 13/5a
der Philosoph, -en 11/5b
die Philosophin, -nen 11/5b
der Pinienkern, -e 7/2a
das Pink, -s 18/3a
der Planet, -en 5/3b
die Planung, -en 9/3c
das Plastik (Sg.) 11/4b
die Pleite, -n 2/2
die Polizeidienststelle, -n 16/3d
das Portemonnaie, -s 16/3d
das Porträt, -s 18/3a
das Postfach, "-er 19/1a
prägen 16/AT
das Praktikum, die Praktika 10/1c
die Praktikumsbescheinigung, -en 19/3a
die Presse (Sg.) 9/4b
die Pressestelle, -n 9/4b
die Priorität, -en 9/2a
das Pro, -s 10/2a
die Produktion (Sg.) 11/5b
produzieren 3/2b
der Professor, -en 2/4a
die Professorin, -nen 2/4a
der Prospekt, -e 11/4a
Prost! 7/1b
protestieren 9/1b
der Prozess, -e 3/2b
die Prüfungsstelle, -n 12/5b

Q

quietschen 16/2b

R

radikal 15/5d
die Radiosendung, -en 10/3c
die Rahmenbedingung, -en 14/4a
der Rat, "-e 8/5
rätselhaft 21/5c
rauchen 8/6a
rauf 14/1b
der Rausch, " -e 21/4a
real 5/3b
realistisch 3/4a
die Realität, -en 5/3c
der Realschulabschluss, "-e 19/1a
die Rechnung, -en 7/2c
das Recht, -e 2/2
die Rechtschreibung, -en 10/2a
recycelbar 5/3b
reduzieren 11/2b
die Reduzierung, -en 11/4d
die Regel, -n 10/AT
die Regierung, -en 15/Projekt
der/die Reiche, -n 7/4b
die Reichsversammlung, -en 15/Projekt
*rein*hören 16/3c
reinigen 12/4a
die Reinigungsarbeit, -en 12/2a
*rein*reden 16/3a
das Reisebüro, -s 16/4
die Reisemöglichkeit, -en 16/4
die Reklamationsabteilung, -en 10/5a
renovieren 3/5a
die Rente, -n 4/6d
repräsentativ 18/3a
der Respekt (Sg.) 14/4a
der Restmüll (Sg.) 11/4b
das Rezept, -e 8/3b
der Richter, - 3/2a
die Richterin, -nen 3/2a
riesengroß 7/4b
das River-Rafting (Sg.) 14/2b
der Roboter, - 5/3b
die Rolle, -n 4/3a
die Rollenverteilung, -en 4/3a
die Route, -n 16/AT
die Rückmeldung, -en 18/3a
ruhen 8/4b
*rum*laufen 18/4d
die Runde, -n 21/5a

S

das Salz (Sg.) 7/1b
salzig 7/2c
der Samen, - 7/4b
sammeln 1/3a
der Sammler, - 7/4b
die Sammlerin, -nen 7/4b
satt 5/1a
das Schaf, -e 16/AT
der Schaffner, - 16/3c
die Schaffnerin, -nen 16/3c
der Schafhirte, -n 16/AT
die Schafhirtin, -nen 16/AT
der Schafskäse, - 7//2a
die Schale, -n 11/4a
scharf 7/2c
scheitern 5/1a
das Schild, -er 21/5a

schläfrig 21/3a
schlimm 8/3b
schmal 18/2a
sich schminken 18/1a
schmuggeln 21/2b
der Schmuggler, - 21/2b
die Schmugglerin, -nen 21/2b
das Schnäppchen, - 10/3b
die Schnauze, -n 2/2
schneiden 3/5a
der Schnickschnack (Sg.) 5/1a
der Schnitt, -e 18/4b
der Schnupfen, - 8/1b
die Schönheit, -en 18/1a
das Schönheitsideal, -e 18/3a
schreien 13/1e
schriftlich 13/5a
schuld sein an 13/1e
der Schülerlotse, -n 9/1b
die Schülerlotsin, -nen 9/1b
die Schülermitverantwortung, -en 15/1a
der Schülervertreter, - 15/1a
die Schülervertreterin, -nen 15/1a
die Schülerzeitung, -en 15/3a
die Schulkonferenz, -en 15/1a
schulpflichtig 10/AT
der Schulsprecher, - 15/1a
die Schulsprecherin, -nen 15/1a
schützen 11/5b
der Schützenverein, -e 21/2a
die Schwäche, -n 3/4a
die Schweigepflicht, -en 13/3a
schwierig 14/1b
schwimmfähig 5/3b
schwindlig 8/1b
schwingen 14/1b
schwitzen 16/2b
die Science-Fiction (Sg.) 12/2a
der Seefahrer, - 7/4b
die Seele, -n 6/3a
das Seil, -e 14/1b
seitdem 2/2
selbstbewusst 9/4b
das Selbstwertgefühl, -e 14/1b
das Senfglas, "-er 11/4a
der Service, -s 7/3c
sesshaft 7/4b
die Sicherheit, -en 9/1b
das Sicherungsseil, -e 14/1b
die Sicht, -en 16/AT
sichtbar 21/5a
der Sieger, - 13/5a
die Siegerin, -nen 13/5a
der Single, -s 4/2a

sinken 8/4b
der Sinn, -e 14/6b
skateboarden 2/2
die SMV (Sg.) 15/1a
so (Modalpartikel) 3/4a
das Sommercamp, -s 2/2
die Sonnenenergie, -n 5/3a
die Sorte, -n 7/4c
sowohl … als auch 5/2a
sozial 2/2
die Spende, -n 9/1b
spenden 9/2a
die Sperrholzkiste, -n 5/1a
der Sperrmüll (Sg.) 11/4b
speziell 2/5a
die Sportanlage, -n 2/2
die Sportart, -en 2/2
die Sprachinsel, -n 17/2b
spüren 14/4a
der Staat, -en 4/3a
das Staatsamt, "-er 15/Projekt
die Stadtbücherei, -en 10/AT
ständig 19/4b
die Stärke, -n 3/4a
stärken 15/5a
starren 5/1a
stattdessen 5/3b
stehen (Kleidung) 18/5a
das Steinwerkzeug, -e 12/1c
die Stellvertretung, -en 15/1a
sterben 2/5b
der Stern, -e 7/3c
steuern 5/3b
die Stiftung, -en 2/2
die Stimme, -n 21/3a
das Stipendium, die Stipendien 16/AT
stoppen 2/5b
stören 6/2a
stoßen auf (Interesse) 11/2b
strahlen 1/5
die Straßenecke, -n 7/4b
strategisch 2/2
strengstens 21/5a
der Strom (elektr.), "-e 12/1a
der Stromverbrauch (Sg.) 11/2a
die Struktur, -en 11/5b
am Stück 10/AT
der Studiengang, "-e 3/4c
der Stundenlohn, "-e 10/AT
sich stürzen in 14/1b
die Summe, -n 18/3a
das Symbol, -e 17/AT
das Synchronschwimmen (Sg.) 14/4d
das System, -e 20/1c

systematisch 20/1b

T

tabellarisch 19/4a
die Tablette, -n 8/2b
die Tageszeitung, -en 19/3a
die Taktik, -en 14/4a
der Tanz, "-e 2/2
das Tanztheater, - 2/2
die Tätigkeit, -en 10/AT
tatsächlich 12/2a
tauschen 4/5
die Täuschung, -en 12/2a
teamfähig 19/1d
technisch 2/2
die Technologie, -n
teilweise 14/5b
die Teilzeit (Sg.) 19/1a
der Terroranschlag, "-e 20/4
der Terrorismus, -men 11/2a
die Theorie, -n 19/3a
die These, -n 11/4d
die Tiefe, -n 14/1b
der Tierversuch, -e 9/1b
die Tierwelt, -en 20/1b
die Tierzucht, -en 7/4b
der Tod, -e 21/5c
die Todeszone, -n 21/4a
der Torpfosten, - 14/4a
töten 7/4c
transportieren 5/3b
treiben 14/5b
die Trendsportart, die Trendsportarten 2/2
die Trennung, -en 21/3a
das Triathlon, -s 14/1b
trotz 11/2b
trotzdem 2/5a
tun für 4/4
typisch 4/5

U

überblicken 6/3a
übereinander 8/4a
der Überfall, "-e 20/1b
überflüssig 11/4d
überlegen 1/2a
übernehmen 15/1a
überprüfen 3/2b
überraschen 2/5d
überrascht 9/4b
sich überschätzen 3/4a
die Überschrift, -en 11/5c
überwältigend 18/3a
überzeugen 12/5b
übrig 9/1b

um … zu 15/2b
sich *um*drehen 21/3a
die Umgebung, -en 11/2b
***um*gehen mit 3/4a**
***um*tauschen 10/5a**
das Umtauschrecht (Sg.) 10/5c
das Umweltgesetz, -e 11/4d
die Umweltorganisation, -en 9/4b
die Umweltverschmutzung, -en 11/3b
unangenehm 21/3a
ungeschminkt 18/3a
ungesetzlich 21/2b
unglaublich 21/3a
unheimlich 9/1b
der Universitätsprofessor, -en 3/2a
die Universitätsprofessorin, -nen 3/2a
unmenschlich 9/1b
unterbrechen 13/5a
die Unterlagen (Pl.) 19/1a
der Unternehmer, - 21/5c
die Unternehmerin, -nen 21/5c
unterscheiden 5/3b
sich unterscheiden 18/4b
die Untersuchung, -en 18/3a
unverändert 19/4a
unwahrscheinlich 5/1a
das Unwetter, - 11/3b
unzählig 7/4b
das Urteil, -e 3/2b

V

v. Chr. (vor Christus) 7/5c
verändern 1/6a
sich verändern 11/2b
die Veränderung, -en 19/4a
verantwortlich für 4/3a
die Verantwortung, -en 9/4b
verarbeiten 7/4b
verbieten 11/4d
verboten 11/5b
der Verbrauchertipp, -s 10/5c
weit verbreitet 4/3a
verbringen 6/4a
vereinbaren 4/4
die Vereinbarung, -en 13/5a
die Vereinten Nationen (Pl.) 2/5a
vergeben 16/AT
vergehen 21/4a
das Verhältnis, -se 14/4a
verhindern 2/5a
die Verkehrsverbindung, -en 5/4b
die Verknüpfung, -en 20/1b
der Verlierer, - 13/5a
die Verliererin, -nen 13/5a
die Verlustmeldung, -en 16/3d
vermeiden 8/6a
vermutlich 5/1c
veröffentlichen 3/2b
die Verpackung, -en 11/4a
sich versammeln 21/2a
verschreiben 8/4b
verschwinden 21/3a
das Versehen, - 16/3d
das Verständnis, -se 13/5a
sich verstecken 12/2a
der Versuch, -e 20/1c
verteidigen 3/2b
der Vertrag, "-e 13/5a
vertreten 15/1a
der Vertreter, - 5/4e
verwirklichen 2/2
die Verzeihung (Sg.) 7/2c
verzichten auf 11/2b
verzweifelt 21/4a
das Viertel, - 4/6b
die Vinaigrette, -n 7/2a
virtuell 5/3b
visuell 18/3a
das Vitamin, -e 8/5
vollständig 19/1a
in Vollzeit 19/1a
vorbei 1/5
das Vorbild, -er 2/2
der Vorfahre, -n 7/4b
die Vorführung, -en 12/2a
***vor*haben 21/2b**
die Vorliebe, -n 18/3a
die Vorspeise, -n 7/3c
***vor*stellen 4/4**
sich *vor*stellen 14/1b
das Vorurteil, -e 17/AT
***vor*werfen 13/1a**

W

das Wachs, -e 11/5b
die Wahl, -en 2/2
das Wahlergebnis, -se 2/2
das Wahlrecht, -e 15/5a
die Wahlrechtsreform, -en 15/5a
während 10/AT
das Waisenhaus, "-er 9/4b
der Wanderhirte, -n 16/AT
die Ware, -n 21/2a
der Warenkorb, "-e 10/3b
warnen 21/5a
die Waschmaschine, -n 11/4a
die Webcam, -s 5/3b
die Webseite, -n 18/3a
weder … noch 5/2a
wegen 11/2b
***weg*werfen 7/5c**
die Weise, -n 7/4b
die Weiterbildung, -en 19/4a
weitgehend 16/3a
welche 14/3a
die Weltbevölkerung (Sg.) 5/3b
der Weltraum (Sg.) 5/3b
die Weltreise, -n 1/2c
der Werbevertrag, "-e 14/4a
werden 5/1c
die Werkstatt, "-en 3/2a
das Werkzeug, -e 3/2b
wertvoll 7/4b
sich *wieder*sehen 16/3c
die Windenergie, -n 5/3a
winzig 11/5b
wirken 18/2c
die Wirklichkeit, -en 5/3c
die Wirkung, -en 2/4a
wirtschaftlich 11/2b
die Wirtschaftskrise, -n 11/3c
das Wirtschaftswunder, - 20/1b
der Wissenschaftler, - 3/1b
die Wissenschaftlerin, -nen 3/1b
wissenschaftlich 3/2b
sich wohlfühlen 6/2b
das Workcamp, -s 16/AT

Z

Zahlen, bitte. 7/2c
zählen zu 2/2
die Zeitlang 10/1d
zeitweise 12/5b
das Zelt, -e 21/3a
der Zeltplatz, "-e 16/AT
zentral 12/5b
zerstören 2/5a
ziehen 21/5a
das Ziel, -e 2/5a
der Zimt (Sg.) 7/4b
zögern 17/3c
***zu*bereiten 7/4b**
die Zubereitung, -en 7/4b
züchten 7/4b
der Zugang, "-e
zugleich 18/3a
die Zukunft (Sg.) 1/6a
*zu*lassen 14/4a
***zu*machen 6/3d**
*zurück*nehmen 10/5a
die Zusammenfassung, -en 12/5c
***zu*stimmen 10/AT**
*zu*winken 21/2a
die Zwiebel, -n 7/2a

Liste der unregelmäßigen Verben

In dieser Liste findest du alle unregelmäßigen Verben aus prima plus. Wir haben meistens Verben ohne Vorsilben aufgenommen. Die Formen der Verben mit Vorsilben findest du bei den jeweiligen Verben.

Beispiele: vorlesen → lesen; versprechen → sprechen; bekommen → kommen

Infinitiv	Präsens – 3. Pers. Sg. er/es/sie/man	Präteritum – 3. Pers. Sg. er/es/sie/man	Perfekt – 3. Pers. Sg. er/es/sie/man
abhauen	haut ab	haute ab	ist abgehauen
auftreten	tritt auf	trat auf	ist aufgetreten
backen	bäckt/backt	backte	hat gebacken
beginnen	beginnt	begann	hat begonnen
beißen	beißt	biss	hat gebissen
betreten	betritt	betrat	hat betreten
betrügen	betrügt	betrog	hat betrogen
beweisen	beweist	bewies	hat bewiesen
sich bewerben	bewirbt sich	bewarb sich	hat sich beworben
bieten	bietet	bot	hat geboten
bitten	bittet	bat	hat gebeten
bleiben	bleibt	blieb	ist geblieben
brechen	bricht	brach	hat/ist gebrochen
brennen	brennt	brannte	hat gebrannt
bringen	bringt	brachte	hat gebracht
denken	denkt	dachte	hat gedacht
einladen	lädt ein	lud ein	hat eingeladen
empfangen	empfängt	empfing	hat empfangen
empfehlen	empfiehlt	empfahl	hat empfohlen
entscheiden	entscheidet	entschied	hat entschieden
essen	isst	aß	hat gegessen
fahren	fährt	fuhr	hat/ist gefahren
fallen	fällt	fiel	ist gefallen
finden	findet	fand	hat gefunden
fliegen	fliegt	flog	ist geflogen
fliehen	flieht	floh	ist geflohen
fließen	fließt	floss	ist geflossen
fressen	frisst	fraß	hat gefressen
frieren	friert	fror	hat/ist gefroren
geben	gibt	gab	hat gegeben
gefallen	gefällt	gefiel	hat gefallen
gehen	geht	ging	ist gegangen
genießen	genießt	genoss	hat genossen
gewinnen	gewinnt	gewann	hat gewonnen
haben	hat	hatte	hat gehabt
halten	hält	hielt	hat gehalten
hängen	hängt	hing	hat gehangen
heißen	heißt	hieß	hat geheißen
helfen	hilft	half	hat geholfen
kennen	kennt	kannte	hat gekannt
kommen	kommt	kam	ist gekommen
laden	lädt	lud	hat geladen
lassen	lässt	ließ	hat gelassen / hat lassen
laufen	läuft	lief	ist gelaufen
leiden	leidet	litt	hat gelitten
leihen	leiht	lieh	hat geliehen
lesen	liest	las	hat gelesen
liegen	liegt	lag	hat gelegen
meiden	meidet	mied	hat gemieden

Infinitiv	Präsens – 3. Pers. Sg. er/es/sie/man	Präteritum – 3. Pers. Sg. er/es/sie/man	Perfekt – 3. Pers. Sg. er/es/sie/man
mögen	mag	mochte	hat gemocht
nehmen	nimmt	nahm	hat genommen
nennen	nennt	nannte	hat genannt
raten	rät	riet	hat geraten
reiten	reitet	ritt	ist geritten
rennen	rennt	rannte	ist gerannt
riechen	riecht	roch	hat gerochen
rufen	ruft	rief	hat gerufen
scheinen	scheint	schien	hat geschienen
schlafen	schläft	schlief	hat geschlafen
schließen	schließt	schloss	hat geschlossen
schmelzen	schmilzt	schmolz	hat/ist geschmolzen
schneiden	schneidet	schnitt	hat geschnitten
schreiben	schreibt	schrieb	hat geschrieben
schreien	schreit	schrie	hat geschrien
schwimmen	schwimmt	schwamm	hat/ist geschwommen
schwingen	schwingt	schwang	hat/ist geschwungen
schwören	schwört	schwor	hat geschworen
sehen	sieht	sah	hat gesehen
sein	ist	war	ist gewesen
singen	singt	sang	hat gesungen
sitzen	sitzt	saß	hat gesessen
spinnen	spinnt	spann	hat gesponnen
sprechen	spricht	sprach	hat gesprochen
springen	springt	sprang	ist gesprungen
stehen	steht	stand	hat gestanden
steigen	stiegt	stieg	ist gestiegen
sterben	stirbt	starb	ist gestorben
streiten	streitet	stritt	hat gestritten
tragen	trägt	trug	hat getragen
treffen	trifft	traf	hat getroffen
treiben	treibt	trieb	hat getrieben
trinken	trinkt	trank	hat getrunken
tun	tut	tat	hat getan
verbinden	verbindet	verband	hat verbunden
vergessen	vergisst	vergaß	hat vergessen
vergleichen	vergleicht	verglich	hat verglichen
verlieren	verliert	verlor	hat verloren
verraten	verrät	verriet	hat verraten
verschwinden	verschwindet	verschwand	ist verschwunden
waschen	wäscht	wusch	hat gewaschen
werden	wird	wurde	ist geworden
werfen	wirft	warf	hat geworfen
wiegen	wiegt	wog	hat gewogen
wissen	weiß	wusste	hat gewusst
ziehen	zieht	zog	hat gezogen

Verben mit Präpositionen

ändern	an	An dieser Situation kann man etwas ändern.
denken	an	Ich denke oft an meine Zukunft.
sich erinnern	an	Franziska kann sich nicht an den Film erinnern.
sich gewöhnen	an	Ich habe mich an das Essen gewöhnt.
glauben	an	Kleine Kinder glauben an den Osterhasen.
es liegt	an	Es liegt am Wetter, dass ich Kopfschmerzen habe.
teilnehmen	an	Ich nehme an dem Projekt teil.
achten	auf	Sebastian achtet sehr auf sein Aussehen.
ankommen	auf	Das kommt darauf an.
antworten	auf	Antworte bitte auf meine Frage.
aufpassen	auf	Du musst besser auf deinen Hund aufpassen.
sich freuen	auf	Wir freuen uns auf die Ferien.
hoffen	auf	Wir hoffen auf einen schönen Sommer.
kommen	auf	Wie bist du auf diesen Vorschlag gekommen?
sich konzentrieren	auf	Ich will mich ganz auf die Prüfung konzentrieren.
reagieren	auf	Wir müssen schnell auf seine Frage reagieren.
stellen	auf	Stell den Schalter auf die Stufe 3.
sich verlassen	auf	Du kannst dich auf mich verlassen.
verzichten	auf	Viele Jugendliche würden für die Umwelt auf etwas verzichten.
sich vorbereiten	auf	Wir müssen uns auf den Test vorbereiten.
warten	auf	Fabian wartet auf seinen Vater.
wirken	auf	Er wirkt auf mich sympathisch und kompetent.
bestehen	aus	Ein Triathlon besteht aus Schwimmen, Fahrradfahren und Laufen.
sich zusammensetzen	aus	‚Bionik' setzt sich aus ‚Biologie' und ‚Technik' zusammen.
ersetzen	durch	Wir müssen den Computer durch ein Laptop ersetzen.
ausgeben	für	Ich gebe viel Geld für Kosmetik aus.
sich einsetzen	für	Manche Jugendliche setzen sich aktiv für andere ein.
sich engagieren	für	Ich engagiere mich für das Jugendtheater in unserer Stadt.
sich entscheiden	für	Sie hat sich für den billigeren Rock entschieden.
sich entschuldigen	für	Ich entschuldige mich für diesen Fehler.
halten	für	89 % halten den ‚Klimawandel' für ein wichtiges Thema.
sich interessieren	für	Junge Menschen interessieren sich sehr für Musik.
kämpfen	für	Seitdem kämpft sie für die Anerkennung ihres Schulabschlusses.
stimmen	für	Viele stimmten für den neuen Plan.
tun	für	Das Interesse, selbst etwas für den Klimaschutz zu tun, ist groß.
sich durchsetzen	gegen	Du musst dich gegen deine Schwester durchsetzen.
kämpfen	gegen	Wir müssen gegen Rassismus und Intoleranz kämpfen.
protestieren	gegen	10000 Schüler protestierten gegen die Schulpolitik der Regierung.
stimmen	gegen	Einige stimmten gegen den Plan.
tun	gegen	Du solltest etwas gegen deine Erkältung tun.
sich verlieben	in	Fred hat sich in Marina verliebt.
investieren	in	Der Staat sollte mehr in Elektroautos investieren.
anfangen	mit	Wann fängst du mit der Arbeit an?
aufhören	mit	Hör endlich mit dem Gejammer auf!
beginnen	mit	Wann beginnst du mit deiner Arbeit?
sich beschäftigen	mit	Die Philosophie beschäftigt sich mit der Frage nach dem „Warum".
besprechen	mit	Georg bespricht das Problem mit seiner Freundin.
führen	mit	Wir haben ein Interview mit einem Lehrer geführt.
mischen	mit	Man mischt Mehl und Backpulver mit Eiern und Zucker.
rechnen	mit	Ich habe schon nicht mehr mit dir gerechnet.
schimpfen	mit	Bitte schimpf nicht mit mir! Ich kann nichts dafür!
sprechen	mit	Mit wem sprichst du?
sich streiten	mit	Er streitet sich oft mit ihr.
telefonieren	mit	Fred telefoniert oft mit Marina.

sich treffen	mit	Heute treffen wir uns mit guten Freunden.
verbinden	mit	Können Sie mich bitte mit dem Sekretariat verbinden?
vergleichen	mit	Vergleiche dein Land mit Deutschland.
sich verstehen	mit	Sie versteht sich gut mit ihm.
zusammenarbeiten	mit	Philipp Lahms arbeitet mit ihr zusammen.
fragen	nach	Yvonne hat mich nach meinen Plänen für die Zukunft gefragt.
riechen	nach	Hier riecht es nach deinem Parfüm.
rufen	nach	Er rief nach dem Kellner, aber der kam nicht.
schmecken	nach	Dieses Eis schmeckt nach Apfel.
sehen	nach	Ich sehe mal schnell nach dem Kuchen im Ofen.
sich ärgern	über	Ich ärgere mich über intolerante Menschen.
berichten	über	Der Polizist berichtet über den Unfall.
sich beschweren	über	Er beschwerte sich über seine Note in Musik.
diskutieren	über	Sie diskutieren immer über dasselbe Problem.
sich freuen	über	Fredo freut sich über jeden Sieg vom 1. FC Köln.
sich informieren	über	Ich lese Zeitung, um mich über die Politik zu informieren.
lächeln	über	Sie kann über ihn so schön lächeln und fröhlich sein.
lachen	über	Die Leute lachen über den Witz.
nachdenken	über	Ich habe lange über den Vorschlag nachgedacht.
sich bewerben	um	Ich habe mich um einen neuen Job beworben.
bitten	um	Sophie bittet ihre Freundin um einen Tipp.
es geht	um	In diesem Buch geht es um einen bekannten Mann.
sich kümmern	um	In vielen Familien kümmern sich die Frauen um den Haushalt.
leiden	unter	Unter dem hohen Energieverbrauch leidet auch die Umwelt.
sich erholen	von	Sie hat sich gut von dem Unfall erholt.
erzählen	von	Eine Wissenschaftlerin hat mir von ihrem Beruf erzählt.
halten	von	Schreib mir, was du von der Idee hältst.
handeln	von	„Jenseits der Stille" handelt von einem Mädchen, das Eltern hat, die nicht hören können.
hören	von	Ich habe schon viel von Ihnen gehört.
reden	von	Alle reden nur noch von diesem Film.
träumen	von	Ich träume von der Zukunft.
sich trennen	von	Du solltest dich von ihm trennen.
sich unterscheiden	von	Er unterscheidet sich stark von seinem Vater.
sich verabschieden	von	So, jetzt muss ich mich von dir verabschieden.
wissen	von	Weißt du schon von unserem Plan?
sich fürchten	vor	Viele Menschen fürchten sich vor der Klimaerwärmung.
schützen	vor	Diese Jacke schützt vor Regen.
warnen	vor	Ich warne dich vor Susi. Sie ist total sauer auf dich.
reden	über	Ich will nicht immer nur über die Schule reden.
schimpfen	über	Sie schimpfte über ihren Ex-Freund.
sprechen	über	Ich spreche fast nie über Politik.
streiten	über	Wir streiten oft über Kleinigkeiten.
einladen	zu	Der Präsident hat 1000 Journalisten zum Pressefest eingeladen.
sich entwickeln	zu	Er hat sich zu einem guten Schüler entwickelt.
führen	zu	Diese Diskussion führt zu keinem Ergebnis.
gehören	zu	Gehörst du auch zu dieser Klasse?
gratulieren	zu	Ich gratuliere dir zum Geburtstag.
kommen	zu	Wegen des Nebels kam es zu vielen Unfällen.
meinen	zu	Was meinst du zu meinem Vorschlag?
passen	zu	Welche Fähigkeiten von dir passen zu diesem Beruf?
wählen	zu	Michaela Koenig wurde gestern zur Kirschkönigin gewählt.

Redemittel

Sprechen

Überraschung
Mich hat überrascht, dass …
Ich finde überraschend, dass …
Mich hat (sehr) beeindruckt, dass …
Besonders interessant finde ich …
Für mich war neu, dass …

Wichtigkeit
Es ist sehr wichtig, dass …
Ich finde es wichtig, dass …
Ganz ist wichtig ist, dass man …
… ist … am wichtigsten.
Man muss vor allem …
Wir sollten/müssen unbedingt, …
Wir dürfen auch nicht vergessen, …
Du musst auf jeden Fall …
Entscheidend für mich ist, dass …
Ich möchte unterstreichen, dass …
Bemerkenswert ist, dass …
Ein besonderer Punkt ist …

Wünsche
Ich hätte/wäre gern …
Ich würde gern …
Ich möchte gern …
Ich hoffe, dass …
Am liebsten wäre/hätte/würde ich …
Ich wünsche mir, dass …
Mein größter Wunsch ist, dass …

Pläne
Ich möchte … werden/studieren.
Ich will … werden, deshalb …
Ich will als … arbeiten.
Nach … möchte ich zuerst … und dann …
Wenn ich 30 bin, (dann) will ich …
Ich habe Lust, … zu …
Er/Sie will/wollte …
Ich hoffe, dass ich …

Reisepläne
Am ersten Tag fahren wir mit dem Bus/Zug/Auto/Fahrrad/Schiff … nach …
Wir fliegen von … nach …
Wir wollen …
Und danach besichtigen/besuchen wir …
Abends gehen wir …
Wir übernachten …

Optimismus und Ängste
Ich bin optimistisch/pessimistisch, weil …
Ich habe (keine) Angst vor der Zukunft, weil …
Ich habe Angst, dass …
Ich mache mir (keine) Sorgen, weil …
Manchmal denke ich, dass …

Glückwünsche
Herzlichen Glückwunsch zum Geburtstag!
Alles Gute!
Ich wünsche dir/euch/Ihnen viel Glück.
Viel Erfolg!

Stärken und Schwächen
Was kannst du gut / nicht so gut?
Bist du gut in/im …?
Kannst du …?
Ich kann viele elektrische Geräte reparieren.
Ich kann gut mit Menschen umgehen.
Ich bin (nicht) sehr genau.
In Mathe bin ich gut / nicht so gut …
Ich habe Interesse/Freude/Spaß an …
Ich interessiere mich (nicht) für …
Zu meinen Stärken gehört …
Eine Schwäche von mir ist, dass …

Erfahrungen
Wir haben gute Erfahrungen gemacht mit …
Ich habe schlechte Erfahrungen mit …
Ich habe (ganz) andere Erfahrungen gemacht.
Ich habe Erfahrungen bei … gemacht.
Mir ging es ganz ähnlich, als …
Bei mir war das damals so: …
Wir haben oft bemerkt, dass …
Das ist doch ein Vorurteil, nicht alle …

Vergleiche
Bei uns sind mehr/weniger … als in …
In Deutschland gibt es weniger … als bei uns.
Die meisten …
Früher … und heute …
In der Stadt …, aber auf dem Land …

Vermutungen
Er/Sie macht/lebt/arbeitet vielleicht …
Er/Sie arbeitet vielleicht als …
Er/Sie ist vielleicht berühmt, weil …
Ich glaube, dass …
Ich habe gehört, dass …
Ich vermute/glaube/nehme an, dass …
Wahrscheinlich war er/sie …
Es könnte sein, dass …
Ich könnte mir vorstellen, dass …
Nein, das glaube ich nicht.
Stimmt das wirklich?
Es ist unwahrscheinlich, dass …

Eigenschaften von Sachen
Der Gegenstand ist aus Holz/Metal/Plastik/Ton …
Er ist schwer/leicht/groß/klein.
Man kann mit … gut …
Man verwendet … für …

Eigenschaften von Personen
Er/Sie ist schön/lieb/frech …
Er/Sie ist (nicht) ehrlich.
Ich bin kreativ/offen/flexibel …
Du kannst ihm/ihr (nicht) vertrauen.
Er(Sie hat viel Ähnlichkeit mit …
Mein Mann/Freund soll … sein.
Meine Frau/Freundin soll … sein.
Er/Sie sollte … sein/haben.
Er/Sie darf nicht … sein.
Wir sind ein kreatives Team.
Wir suchen eine engagierte …

Beschreibungen von Personen
Er/Sie ist (ungefähr/etwa) … Jahre alt.
Er/Sie trägt …
Die Brille steht ihm/ihr sehr gut.
In der Hose sieht er/sie gut aus.
Er trägt braune Schuhe, die zur Hose passen.
Mir gefällt die Person auf dem Foto Nr. …, weil …
Die Frau … finde ich schön, weil …
Er ist sympathisch, weil er ein nettes Lächeln hat.
Der Mann auf Foto sieht … aus.
Mit ihrer/ihren … wirkt sie …
Seine Augen wirken …
Das Top … steht ihr sehr gut/gar nicht.

Vorteile und Nachteile
Ein Vorteil/Nachteil ist, dass …
… ist ein Nachteil/Vorteil.
Als positiv/negativ kann man ansehen, dass …
Das Gute/Schlechte ist, dass …
Das Problem ist, dass …

Sich streiten
Ich ärgere mich, weil …
Ich bin (wirklich/echt/richtig) ärgerlich/sauer/wütend …
Ich finde es unmöglich, wenn …
Du hast Unrecht!
Du hast ja Recht.
Lass uns darüber reden.
Wenn du schreist, dann …
Beruhige dich doch.
Ich finde, … hat (keine) schuld an dem Streit.

Ähnlichkeiten und Unterschiede
Was denken die Leute über …?
Das ist ähnlich wie bei uns.
Das ist anders als bei uns.
Das ist genau gleich.
Die … haben eine eigene Kultur.
Die … haben eine andere Kultur als …

Das ist eine ähnliche/gleiche/unterschiedliche Kultur.
Eine Gemeinsamkeit/Ähnlichkeit ist, dass …
Ein Unterschied ist …
Die zwei Mädchen ähneln sich / unterscheiden sich.
Die … sind ganz anders als …

Stereotype und Klischees
Das … ist typisch für …
… ist ein Symbol für …
… ist eine Spezialität aus …
Ich habe gehört, dass alle / die meisten / viele …
Das ist ein Vorurteil, nicht alle …
Ich glaube, in … trinkt/isst man viel …
Ich glaube, dass … ein Klischee ist.
Ich weiß (nicht), ob …
… gibt es nicht nur in …, sondern auch in …

Unsicherheit und Sicherheit

Ich weiß nicht, wer/wie/wofür ...
Ich bin nicht sicher, wie ...
Ich frage mich, warum/wie/ob ...
Ich habe Zweifel, ob ...
Mich überrascht, dass ...
Ich vermute, dass bei uns ...
Ich kann mir (nicht) vorstellen, dass ...

Da bin ich ganz sicher.
Ich bin sicher, dass ...
Es ist absolut sicher, dass ...

Zukunft und Vorhersagen

Wie sieht die Zukunft aus?
Was wirst du wohl in zehn Jahren machen?
Ich glaube, ich werde ...
In zehn Jahren wirst du ...
Was meinst du, wie wird ...?
Es wird wahrscheinlich/vielleicht ...
Die Menschen werden ...
Keiner weiß, wie ...

Vorbilder

Ich finde ... ist ein gutes Vorbild, weil ...
Mein Vorbild ist ...
Wenn ich ... wäre, würde ich auch ...
Ich finde besonders interessant, dass ...
Ich habe ... ausgewählt.
Er/Sie ist ... von Beruf.
Ich finde interessant, dass ...
Ich finde es gut, wenn ...
..., aber ich finde (nicht) gut, dass/wenn ...
Mich hat überrascht/beeindruckt, dass ...
Ich finde es sehr beeindruckend, dass ...

Statistiken und Grafiken

... Menschen haben an der Umfrage teilgenommen.
An erster Stelle mit 35 % (Prozent) steht ...
Auf Platz drei kommt ...
Ich finde interessant, dass ...
Vor hundert Jahren haben ...
ein Viertel / ein Drttel / die Hälfte
Durchschnittlich 2,1 Personen ...
In nur vier Prozent der Haushalte ...
Am wenigsten/meisten ...

Diskussionen

Diskussionsleitung

Unsere Diskussion heute hat das Thema ...
Ich möchte zuerst die Gruppe ... bitten, ...
Möchtest du etwas dazu fragen/sagen?
Lass/Lasst bitte die anderen ausreden.
Dieses Argument ist jetzt schon mehrmals gekommen.
Wir müssen jetzt zum Schluss kommen ...
Zusammenfassend möchte ich sagen, dass ...
Abschließend möchte ich sagen, dass ...

Argumente formulieren

Ich denke/meine/glaube/finde, dass ...
Meiner Meinung nach ...
Ich bin der Auffassung, dass ...
Ich bin davon überzeugt, dass ...
Für mich ist es wichtig, dass ...
Ich beurteile ... positiv/negativ, weil ...
Ich halte ... für besonders wichtig, weil ...
Man sollte bedenken/berücksichtigen, dass ...
Das wichtigste Argument für/gegen ... ist, dass ...

Meinungen äußern

Mein Standpunkt ist folgender: ...
Ich denke (nicht), dass ...
Ich möchte dafür ein Beispiel anführen: ...
Der Grund dafür ist, dass ...
Es kann sein, dass ...
Ich könnte mir vorstellen, dass ...
Ich bezweifle, ob ...
Im Gegensatz zu Marwan meine ich, dass ...
Dabei sollte man nicht vergessen, dass ...

Meinungen wiedergeben

Klara ist der Meinung, dass ...
Sibel hat gesagt, dass ...
Tarek findet, dass ...
Im Gegensatz dazu meint ..., dass ...
Sie meinen also, dass ...
Ich habe verstanden, dass ...
Würden Sie das bitte noch genauer erklären?
Könntest du das bitte erläutern?

Auf Argumente reagieren
Das stimmt. / Das ist richtig.
Ich bin ganz deiner Meinung (, aber ...)
Ich bin nicht deiner Meinung, denn/weil ...
Ja, das sehe ich auch so.
Dein Argument finde ich richtig.
Ich finde, Thea hat recht, wenn sie sagt, dass ...
Dem kann ich nur/nicht zustimmen, weil ...
Ich möchte unterstützen, was Klara gesagt hat, ...
Auch wenn ..., meine ich doch, dass ...
Ergänzend dazu möchte ich hinzufügen, dass ...

Unterbrechungen
Entschuldige, wenn ich unterbreche, ...
Kann ich dazu bitte auch etwas sagen?
Kann ich bitte auch einmal etwas sagen?
Ich würde dazu gerne etwas sagen/ergänzen.
Ich möchte dazu etwas sagen/fragen/ergänzen.
Darf ich fragen, ob/wann/wer ...
Ich verstehe das schon, aber ...
Ja, aber ...
Glaubst du wirklich wirklich, dass ...?
Ich möchte nur noch sagen, dass ...
Lass mich mich bitte ausreden.
Ich bin noch nicht fertig. Ich bin gleich fertig.
Einen Moment bitte, ich möchte nur noch ...

Schlussfolgerungen
Alles in allem kann man sagen, dass ...
Eine gute Möglichkeit wäre, ...
Eine Lösung wäre, ...
Mir scheint in diesem Fall ... am geeignetsten.
Wir haben uns nach längerer Diskussion darauf geeinigt, ...
Was halten Sie/ haltet ihr davon, wenn ... ?

Texte schreiben

Zusammenfassungen
In der Geschichte geht es um ...
Die Geschichte erzählt von/über ...
Der Text handelt von ...
Der Text informiert über ...
Der Autor stellt zunächst ... dar.
Er betont/hebt hervor, dass ...
Die Autorin ist der Meinung, dass ...
In dem Text wird deutlich, dass ...
Die Hauptaussage des Textes ist ...

Präsentation – Referat
Einleitung
Das Thema von meinem Vortrag/Referat lautet ...
Ich spreche heute über ...
Heute möchte ich über ... sprechen.

Gliederung
Mein Vortrag besteht aus drei Teilen: ...
Zuerst spreche ich über ...
... dann komme ich im zweiten Teil zu ...,
Zum Schluss werde ich dann ...

Teile
Ich komme jetzt zum zweiten/nächsten Teil.
Hier spreche ich über ...
Ich möchte jetzt erklären, warum ...

Schluss
Ich komme jetzt zum Schluss.
Zusammenfassend möchte ich sagen, ...
Abschließend möchte ich noch erwähnen, ...
Vielen Dank für eure/Ihre Aufmerksamkeit.
Ich hoffe, es war interessant/hilfreich für euch/Sie.

Erörterung
Einleitung
Bei dem Text „...“ (Titel) handelt es sich um ... (Textsorte) in/aus ... (Quelle)
Der Text „...“ handelt von ...
In dem Text/Artikel ... geht es um Folgendes: ...

Pro-Argumente
Für den/das/die ... spricht ..., dass ...
Dafür spricht, dass ...
Das Hauptargument für ... ist, dass ...
Einer der wichtigsten Gründe dafür ist, dass ...
Was dafür spricht, ist ...

Kontra-Argumente
Gegen den/das/ die spricht, dass ...
Dagegen spricht, dass ...
Das Hauptargument gegen ... ist, dass ...
Einer der wichtigsten Gründe, der gegen ... angeführt wird, ist ...
Ein weiterer Einwand gegen ... ist ...
Was dagegen spricht, ist ...

Diskussion

Auf der einen Seite ..., auf der anderen Seite ...
Einerseits ..., andererseits ...
Die einen sind für ...
Die anderen lehnen ... ab.
Im Gegensatz zu ...
Verglichen mit ...
Während die einen meinen, dass ..., sind die anderen der Auffassung, dass ...

Schlussfolgerung

Zusammenfassend lässt sich sagen, dass ...
Insgesamt zeigt sich, dass ...
Nach der Erörterung vertrete ich den Standpunkt, dass ...
Ich bin der Ansicht/Auffassung/Meinung, dass ...
Meiner Ansicht/Auffassung nach ist ...
Die Gründe, die ... anführt, erscheinen mir wichtiger als ...
Meiner Überzeugung nach ...

Formelle Briefe – Bewerbungen

Anrede	Sehr geehrte Damen und Herren
Einleitung	mit großem Interesse ... Ich möchte mich für diese Stelle bewerben.
Hauptteil	Zurzeit bin ich in der ... Klasse. Ich habe schon ein Praktikum bei ... gemacht.
Abschluss	Ich würde mich sehr freuen, wenn ich mich persönlich vorstellen könnte.
Grußformel	Mit freundlichen Grüßen
Unterschrift	*Fida Gin*
Anlagen	Lebenslauf Zeugnisse ...

Bildquellen

S. 5 7: Cornelsen/Hugo Herold Fotokunst; 9: Cornelsen/Hugo Herold Fotokunst; 14: Cornelsen/Hugo Herold Fotokunst; 16: Cornelsen/Hugo Herold Fotokunst – **S. 12** B: imago/Spöttel Picture – **S. 19** unten: Cornelsen/Hugo Herold Fotokunst – **S. 28** A: akg-images – **S. 38** Cornelsen/Hugo Herold Fotokunst – **S. 41** Cornelsen/Hugo Herold Fotokunst – **S. 48** A+D: Cornelsen/Hugo Herold Fotokunst – **S. 51** unten links: Naturfreundejugend Österreich; unten rechts: Pfadibewegung Schweiz – **S. 59** Cornelsen/Hugo Herold Fotokunst – **S. 74** Cornelsen/Hugo Herold Fotokunst – **S. 76** Cornelsen/Hugo Herold Fotokunst – **S. 77** Cornelsen/Hugo Herold Fotokunst – **S. 79** rechts: Cornelsen/Hugo Herold Fotokunst – **S. 86** Cornelsen/Hugo Herold Fotokunst – **S. 87** oben+unten links: Cornelsen/Hugo Herold Fotokunst; unten rechts: Marvin Ruppert – **S. 88** oben: BÜNDNIS 90/DIE GRÜNEN – **S. 99** Cornelsen/Hugo Herold Fotokunst – **S. 100** Cornelsen/Hugo Herold Fotokunst – **S. 112** 2: akg-images/Universal Images Gr; 3: akg-images/Jacques Violet; 4 oben: akg-images/AP; 4 unten: action press/RUST, FRITZ HANNOVER; 5: IMAGO – **S. 114** unten links: Klaus Leidorf – **S. 115** links: akg/De Agostini Picture Lib.; Mitte: akg-images

Karten/Grafiken

U2 Cornelsen/Carlos Borrell Eiköter – **S. 22** Statistisches Bundesamt, Mikrozensus 2011 – **S. 81** oben: Statista 2016 – **S. 90** unten: Cornelsen/Volkhard Binder – **U3** Cornelsen/Volkhard Binder

Textquellen

S. 26 Auszüge aus: Hueber Wörterbuch Deutsch als Fremdsprache: Das einsprachige Wörterbuch für Kurse der Grund- und Mittelstufe, bearb. von Lutz Rohrmann – **S. 27** Auszug aus: Hueber Wörterbuch Deutsch als Fremdsprache: Das einsprachige Wörterbuch für Kurse der Grund- und Mittelstufe, bearb. von Lutz Rohrmann – **S. 59** A: „Ja, eine Sonne ist der Mensch!", aus: Hölderlin, Hyperion. Insel Verlag Frankfurt am Main 1979; B: „Du hast Diamanten", aus: Heinrich Heine, Sämtliche Schriften in 12 Bänden, Band 1, Seite 137, Hanser Verlag München Wien 1976; C: „Kannst du nicht mehr Geliebte sein", aus: Heinrich Heine, Sämtliche Schriften in 12 Bänden, Band 1, Seite 159, Hanser Verlag München Wien 1976 – **S. 68** „Der Zauberlehrling", aus: Goethe Werke Jubiläumsausgabe, Band 1: Gedichte, Seite 120 ff., Hrsg. Hendrik Birus und Karl Eibl. Insel Verlag Frankfurt am Main und Leipzig, 1998 – **S. 110–111** „Die Zauberflöte" von Wolfgang Amadeus Mozart, Text aus: www.internetloge.de/arst/zaubertext.pdf

DEUTSCHLAND, ÖSTERREICH UND DIE SCHWEIZ

1 = Basel-Stadt
2 = Basel-Landschaft
3 = Aargau
4 = Schaffhausen
5 = Thurgau
6 = St. Gallen
7 = Appenzell-Ausserrhoden
8 = Appenzell-Innerrhoden
9 = Unterwalden
10 = Nidwalden
11 = Glarus

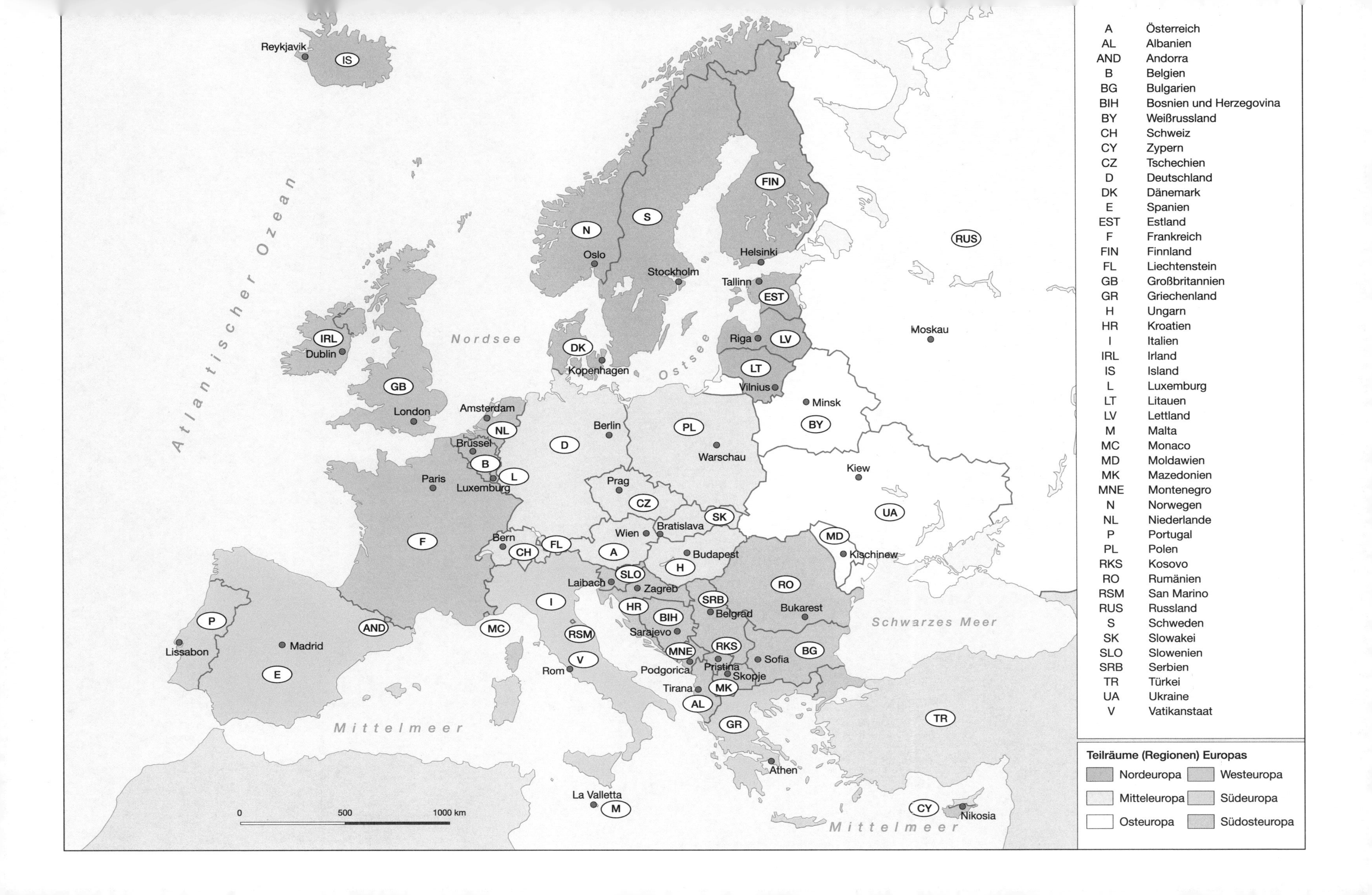
Atlantischer Ozean
Nordsee
Ostsee
Mittelmeer
Schwarzes Meer
Reykjavik
IS
IRL
Dublin
GB
London
N
Oslo
S
Stockholm
FIN
Helsinki
Tallinn
EST
Riga
LV
LT
Vilnius
RUS
Moskau
DK
Kopenhagen
Amsterdam
NL
Brüssel
B
L
Luxemburg
Paris
F
Berlin
D
PL
Warschau
Minsk
BY
Kiew
UA
MD
Kischinew
Prag
CZ
SK
Bratislava
Wien
A
Budapest
H
Bern
CH
FL
SLO
Laibach
Zagreb
HR
SRB
Belgrad
BIH
Sarajevo
RO
Bukarest
MNE
Podgorica
RKS
Pristina
Skopje
MK
Tirana
AL
Sofia
BG
GR
Athen
TR
CY
Nikosia
P
Lissabon
E
Madrid
AND
MC
I
RSM
V
Rom
La Valletta
M
0
500
1000 km
A Österreich
AL Albanien
AND Andorra
B Belgien
BG Bulgarien
BIH Bosnien und Herzegovina
BY Weißrussland
CH Schweiz
CY Zypern
CZ Tschechien
D Deutschland
DK Dänemark
E Spanien
EST Estland
F Frankreich
FIN Finnland
FL Liechtenstein
GB Großbritannien
GR Griechenland
H Ungarn
HR Kroatien
I Italien
IRL Irland
IS Island
L Luxemburg
LT Litauen
LV Lettland
M Malta
MC Monaco
MD Moldawien
MK Mazedonien
MNE Montenegro
N Norwegen
NL Niederlande
P Portugal
PL Polen
RKS Kosovo
RO Rumänien
RSM San Marino
RUS Russland
S Schweden
SK Slowakei
SLO Slowenien
SRB Serbien
TR Türkei
UA Ukraine
V Vatikanstaat
Teilräume (Regionen) Europas
Nordeuropa
Westeuropa
Mitteleuropa
Südeuropa
Osteuropa
Südosteuropa